教育，
请许给孩子一个美好的未来

李芬爱 著

JIAOYU QING XU GEI HAIZI YI GE
MEIHAO DE WEILAI

中山大学出版社
·广州·

版权所有　翻印必究

图书在版编目（CIP）数据

教育，请许给孩子一个美好的未来/李芬爱著 . —广州：中山大学出版社，2021.8
ISBN 978 – 7 – 306 – 07297 – 9

Ⅰ. ①教… Ⅱ. ①李… Ⅲ. ①中小学教育—研究 Ⅳ. ①G63

中国版本图书馆 CIP 数据核字（2021）第 171110 号

出 版 人：王天琪
策划编辑：金继伟
责任编辑：苏深梅
封面设计：曾　斌
责任校对：张陈卉子　林　峥
责任技编：靳晓虹
出版发行：中山大学出版社
电　　话：编辑部 020 - 84110283，84113349，84111997，84110779，84110776
　　　　　发行部 020 - 84111998，84111981，84111160
地　　址：广州市新港西路 135 号
邮　　编：510275　　　　　　传　真：020 - 84036565
网　　址：http://www.zsup.com.cn　　E-mail：zdcbs@mail.sysu.edu.cn
印 刷 者：广州市友盛彩印有限公司
规　　格：787mm×1092mm　1/16　11.125 印张　194 千字
版次印次：2021 年 8 月第 1 版　2021 年 8 月第 1 次印刷
定　　价：48.00 元

如发现本书因印装质量影响阅读，请与出版社发行部联系调换

序

新时期，党和国家对中小学教育极为重视。尤其是基础教育，肩负着解决好"培养什么人、怎样培养人、为谁培养人"这个根本问题的历史重任。近十年来，广东省教育厅在"立德树人"思想的引领下，高度重视中小学德育工作，大力加强中小学德育队伍建设，组织培养了五批省级名班主任，指导设立了三批广东省名班主任工作室。名班主任及其工作室在广东省中小学德育中发挥了重要的示范引领作用，为广东省中小学德育事业发展做出了突出的贡献。

李芬爱老师就是这支队伍中的一员。作为广东省特级教师、南粤优秀教师、广东省三八红旗手、德育校长，李芬爱老师有着极深的教育情怀。她26年如一日，在教书育人的岗位上辛勤耕耘。作为第三批广东省中小学名班主任和第三批广东省中小学名班主任工作室主持人，李芬爱老师甘为人梯，全心全意探索班主任专业成长的路径。她明确以培养学术型和专家型教师为己任，以"四强两翼"为内容打造班主任培养模式，以"走心导心—活动体验"德育模式的构建和德育课程的开发为抓手，探索"学—研—悟—展"的班主任"四维"专业发展路径。李芬爱名班主任工作室坚持创新发展，特色鲜明，成绩突出，彰显了其立足本校、带动周边、辐射省内外的重要德育作用。

《教育，请许给孩子一个美好的未来》一书，就是李芬爱老师多年德育实践与探索的重要成果。本书凝聚了作者多年的心血，是她的亲身经历，更是她的教育收获与结晶。正如李芬爱老师所说："我就像蚂蚁搬家一样，每年积攒一些，或是教育随笔、教育故事、教育案例，或是班会课例、管理总结，或是个案反思、讲座文稿等。在不知不觉中，我已经积累了几十万字的文稿。"

本书分为六章，内容涵盖面广，既包括开学初应注意的事项，以及引导学生调整心理状态以适应新环境、新的人际关系的教育细节，又融合了班级突发事件处理、班级管理模式探索、班级特色文化建设、家校联手共育、学生心理健康教育等方面的教育智慧及专业技术。在最后一章"许给自己一个破茧成蝶的机会"中，作者还阐述了个人对教师专业成长的思考与感悟。

本书最大的特点是：以作者在教育中遇到的问题、案例为思考导向，以小故事为切入点，契合教育现状，符合教育规律；以培养学生成为更好的自己为主导思想，让学生勇敢地战胜成长中的困难，让学生看到美好的未来和希望。作者分享的案例饱含师爱、人情味、温度和希望，层层递进、由浅入深、有理有据、有始有终。

本书内容显示：为了培育好一个学生，作者使出浑身解数与学生"斗智斗勇"；为了建设好一个班级，作者不断地尝试各种各样的新办法；为了改善一所学校的问题，作者敢于打破常规，以人为本，带领师生们挑战一个又一个不可能。在教育故事、教育案例的分享中，作者的专业水平和教育智慧得以显现。如果说作者是一个富有教育情怀的教师，那么本书就是作者对其教育情怀的完美诠释。

本书是一部先进教育理念与智慧工作方法相结合的好作品。书中关于班级管理的妙招、师生间相互成长的经验、亲子关系破冰的方法等，对班主任的专业成长、亲子关系的改善和人才培养具有重要的指导作用和推广价值。

本书可供各级德育管理干部、德育理论与实践研究人员、中小学班主任等广大德育工作者阅读、参考。相信本书定能和广东省其他中小学名班主任工作室主持人的相关作品一道，在推动中小学德育队伍建设、促进班主任专业成长、助力新时期人才培养上彰显应有的意义和价值。

高家方
2021年5月23日于广州

今天，我们要怎样做教育

怎样的教育才是好教育？怎样的老师才是好老师？从教以来，我从未中断过对这两个问题的思考，也从未中断过对它们的追求。

一、怎样的教育才是好教育

我从教至今已有 26 个年头，先有 23 年的高中教育教学经验，后有三年挂职初中副校长的工作经验，担任过班主任、级长、德育处副主任、德育校长等职务。在众多职务中，我对班主任情有独钟。

大学毕业后，我回到阳江市阳东县第一中学工作，教育对象是高中学生。那时候，我不知道该怎样当他们的班主任，我的角色定位是年长他们几岁、与他们一起"疯狂"的大姐姐。那时的我，对教育的想法简单、淳朴。我把学生当作自己的亲人、朋友来爱护，我是他们烦恼时的解码器、受伤后的避风港、存取钱的银行、周末休闲的安身所……我的宿舍也成了缓解他们思家念亲之情的温暖家园，他们在我的宿舍里煮糖水、包饺子、学习……

本书通过故事、案例、学生反馈、作者感悟等形式，描述了我和学生之间的许多趣事、感人故事以及学生与学生之间的"爱恨情仇"；记录了开学初班主任引导学生顺利调整心理状态以适应新环境、新的人际关系的教育细节与智慧；记载了突发事件发生时，班主任处理问题的教育智慧以及过程中体现的人文关怀；讲述了师生一起摸索和践行各种班级管理模式，一起动手打造魅力班级特色文化的精彩故事；描述了我和学生共创的高光时刻和成长回忆；描写了我与家长联手共育，与学生"斗智斗勇"的破冰故事……你看，这就是我们的高中生活，内容精彩纷呈！

二、怎样的老师才是好老师

怎样的老师才是好老师？为何要成为好老师？我不断地追问自己。经过 20 多年的探索与追求，我终于有了答案。

曾记得若干年前，某媒体记者对我进行教育专访，问道：在您眼中，好老师是什么样的？我当时不假思索地按照心中理想的样子描绘出好老师的形象：

好老师是爱岗敬业的教书匠。好老师首先要做到爱岗敬业，要像其他优秀工作者一样热爱自己的职业，无私付出、默默奉献。

好老师是以人格魅力征服学生的师者。有道是"亲其师，信其道"，学生真正爱戴的是他们内心信服、行为敬服和言谈佩服的老师。老师的人格魅力不是谁赋予的，而是老师在以理服人、以情动人、以爱感人的工作中逐渐形成并被学生认可的品行。

好老师是一束导航的光。为人师者，不仅要有成就学生青出于蓝而胜于蓝的胸襟，还要有为学生蟾宫折桂锦上添花的能力，更应该有为学生遭遇困难和挫折时雪中送炭的气魄。每个学生在成长路上总会遭遇困难和挫折，好老师应该给黑暗中的学生带来光明和希望，给破罐子破摔的学生带去转机和未来。

好老师是学生成长中的贵人。作为老师，我们没有选择学生的权利，师生之间，相遇就是缘分。因此，无论教育对象是怎样的学生，好老师都应该保持着助人自助和"赠人玫瑰，手留余香"的情怀。在学生处于顺境时，提醒他们居安思危，防止"春风得意马蹄疾"；在学生处于逆境时，向他们伸出援手，做他们成长中的坚强后盾，成为他们生命中的贵人。

好老师是为了情怀而教育。教育是有使命的，教育者是有使命感的。为师者不为权、不为势，只是纯粹地做教育；教育者不为名、不为利，只是单纯地享受教育。这不是情怀，又是什么？

三、教育应该培养怎样的好学生

时代在变化，人在变化，教育也在变化。现代社会是一个多元化社会，它对人才的需求是多元的，所以教育不应该千人一面，不应该唯分数论，而要培养具有个性的好学生，让他们拥有自主管理能力、幸福生活的能力、项目规划能力、解决问题的能力、学习能力、思辨能力等，让他们成为自己心中最好的样子。

陶行知先生曾说："先生不应该专教书，他的责任是教人做人；学生不应该专读书，他的责任是学习人生之道。"师者，传道、授业、解惑也。作为教育者，我们不仅是传授学生知识的老师，还应该是学生在黑暗中摸索时的指路明灯，更应该是学生彷徨时的人生导师。作为教育者，我们不仅要培养学生修正不良行为习惯的能力，还要培养学生自由选择的能力，更要培养学生面向未来的能力。

我的教育理念不一定先进，却符合孩子身心发展的规律；我的故事没有精彩、华丽的语句，却有班主任的一片真心；我的学生不是完美的孩子，但是我会竭尽全力地帮助他们成为更好的自己；我的学生的家长不一定懂得教育孩子的方法，但是我会帮助他们与孩子一起成长。

我想，教育不需要"高大上"的东西，适合孩子们的教育、让他们成为更好的自己的教育就是最好的教育。我希望本书中的教育故事、教育案例、教育反思、班级管理的金点子和班级建设的智慧、家校共建共育等，能够带给年轻教师一定的思考和借鉴，避免其走弯路。

26 年一晃而过，我的容颜已变，但是学生爽朗的笑声、开怀的笑脸、做错事时的倔强、情窦初开的青涩以及为梦想而奋斗的样子永远留在我的内心深处。多年以后，愿我的学生回忆起某年某月某日，我们一起留下的幸福的足迹；多年以后，愿我的学生还是我的亲人与朋友，而我还是他们心中最暖心的爱姐。

李芬爱

2021 年 3 月 1 日

目　录

第一章　许给学生一个舒心的开学季 ············· 1
　　迈进新学校，做好新准备 ····················· 3
　　开学初，要给学生足够的安全感 ··············· 8
　　开学初，班主任要注重言传身教 ··············· 12
　　玩转课堂的开学季 ··························· 17
　　艺术班的花样开学季 ························· 22
　　开学初，顺着问题解决问题 ··················· 26

第二章　许给学生一种有灵魂的教育 ············· 33
　　三个危机事件成就了艺术班 ··················· 35
　　农村孩子可否放下手机，回头是岸 ············· 45
　　让感恩之心在课程化教育中生根 ··············· 49
　　学生班主任班级管理模式之探索 ··············· 56
　　师生不是警察与小偷的关系 ··················· 63
　　教育需要重塑孩子的劳动观 ··················· 71
　　三封信的故事 ······························· 76

第三章　许给学生一个有温度的校园故事 ········· 81
　　教育，是一个慢成功的过程 ··················· 83
　　没有说出口的早恋教育 ······················· 87
　　教育千万别先入为主 ························· 90
　　坐下来沟通，我的教育亮了"绿灯" ············ 93
　　网瘾少年变形记 ····························· 97
　　学生的一个鞠躬引发的教育思考 ··············· 102
　　爱的真正含义 ······························· 105

第四章　许给学生一段美妙的心理历程 ··········· 107
　　巧用心理学原理帮助学生改变认知和行为 ······· 109

不要忽略对尖子生的引导……………………………………… 112
　　破坏学生的认知平衡……………………………………………… 116
　　大考前的学生心理团体辅导…………………………………… 118

第五章　许给学生一个家校共育的氛围……………………… 123
　　打造行走的家庭教育课堂……………………………………… 125
　　家庭会谈中积极关注技术的运用……………………………… 130
　　家校联手为具有自闭症状的孩子保驾护航…………………… 135
　　在家庭教育中，如何改变孩子的拖延行为…………………… 137

第六章　许给自己一个破茧成蝶的机会……………………… 143
　　今日独自沉淀，他朝华丽绽放………………………………… 145
　　坚持做一个善良而伟大的好老师……………………………… 151
　　我在追问：教育的真谛是什么………………………………… 156
　　我的幸福我做主………………………………………………… 160

参考文献………………………………………………………………… 165

后记　你努力的样子真可爱………………………………………… 166

第一章 许给学生一个舒心的开学季

好的开始是成功的一半。新学期是梦想的新开始、人生的新起点,孕育着新希望,开局工作对师生来说有着十分重要的意义。每一位班主任都要好好地谋划开学初的工作,让班级管理与舒心开学完美地结合起来。那么,如何让学生在开学初就立即爱上新学校、新班级、新老师呢?本章将给大家描绘一个个特别的开学季。

迈进新学校，做好新准备

我们知道，开学初的工作做得好不好对班主任以后管理班级相当重要。新生由于生活环境、学习方式和行为习惯等方面的变化，必然要经历一个从不适应到适应的过程。面对诸多未知、不可控的新情况，学生难免会焦虑不安、担惊受怕、患得患失。学生能不能适应新环境、新老师、新同学及新学业，对他们今后的学习尤为重要，甚至会影响他们的心理状态，让他们的心很长时间无处安放，所以让各个学段的新生较快地适应新环境是班主任和家长最为紧张的事情。

新生去到一个新环境，会面临哪些不适应的问题呢？

第一，因生活习惯变化而引发行为不适应的问题。在9月份入学之前，学生经历了一个较长的暑假，学习和生活状态都比较休闲。返校上课后，他们的一切习惯都要随之变化。比如：假期时作息不规律，而上学时有明确的时间要求；假期时学习节奏感不强，学习时间安排不会很精确，而上学时每一节课都有精确的时间安排；假期时学习方式多样，有网络学习、户外体验、研究性学习等，而上学时一般固定在教室里学习；假期时学习内容丰富多彩，有文化、科学、体艺、特长、探险等方面的内容，而上学时主要是学习文化课；假期时没有测试排名的压力，而返校上课后，学生之间立即就有了竞争和比较。由于行为和习惯的变化，学生很容易出现不适应的问题。

第二，因知识难度加大和课程增多而引起学习不适应的问题。从幼儿园到一年级，从六年级到七年级，从九年级到高一，看似只是上了一个梯级，但是知识的难度和科目却有很大的变化。例如：六年级主要考查语、数、英三科，七年级却要考查语、数、英、思想品德、史、地、生七科，比六年级多了四门功课；九年级考查六科，高一却要学习九科，增加了三科。学生如果在上学之前没有提前做好学习准备，那么面对突然增多的科目、增大的知识难度，他们很难一下子适应过来。

第三，因陌生的师生关系而引起人际交往不适应的问题。学生去到一个新的环境，面对的老师和同学是陌生的。同学之间由陌生到熟悉要经过相互了解，了解对方的脾气、品性、行为习惯等，在了解的过程中再分化组合，在分化组合的过程中需要克服人与人之间共处的许多问题。

第四，因诸多变化而引起心理不适应的问题。换了一个新环境，学生需要面对诸多变化。例如，因教师变化而面临新的教学方式和人际关系，因同学变化而面临新的人际关系和学习排名，因班级变化而面临新的班规，因不了解、不知道的东西太多而失去控制感，等等。太多东西发生了变化，学生如果没有提前得到心理辅导，很容易出现心理不适应的问题，甚至有一些学生会出现头晕、呕吐、肚子不舒服、失眠等症状。

凡事预则立，不预则废。为了避免出现上述不适应的问题，家长可以在孩子回校之前就给孩子做必要的辅导，帮助他们做好心理建设。学生回校之后，班主任也应该就学生忧虑的问题进行补救性的课程辅导，让他们尽快地适应新环境、新规则、新课程、新的人际关系等。

下面，我给大家展示一下我在高一新生入学时开设的"开学第一课"课程。

迈进高一，开启追梦新旅程

【课程背景】

迈进高一，学生有许多不了解、不知道的东西。有些学生从来没有思考过为何而读书；有些学生没有在学校住宿过；有些学生对高中感到陌生和好奇，觉得高中很神秘；有些学生在初中时是学校的佼佼者，受到老师的偏爱。然而，到了新学校，遇到新环境、新老师、新同学和许多未知，他们在心理上难免会产生紧张、不适、忐忑不安的感觉。

【教学目标】

（1）通过活动的形式，让学生们尽快熟悉起来，缓解学生因新环境、新的人际关系而产生的紧张情绪，揭开高中的神秘面纱。

（2）通过对自己名字的释义、畅谈对高中的憧憬等，引导学生从高一就开始思考自己的理想目标。

（3）通过体验式的教学，让学生在活动中战胜困难，树立学习的自信心。

【教学重点】

了解学生的真实想法，并给予学生初步的辅导，帮助他们树立对高中学习的自信心。

【教学难点】

帮助学生树立对高中学习的自信心。

【课前准备】

（1）学生设计个性化名片。

（2）课前问卷调查：你想建立一个怎样的班级？

（3）准备活动用品：透明水杯、透明胶布、回形针、计时器等。

【教学过程】

1. **问题导入**：以问题引发思考

（1）热身活动：个性化名片设计（课前准备）。

活动目的：通过活动的形式，让学生们快点熟悉起来，促使他们积极投入课堂中；通过设计名片，引导学生赋予自己的名字一个有意义的含义，为以后的"理想目标"主题教育埋下伏笔；通过撰写"我的班务工作"，让学生明确自己在班级中的责任。

活动过程：每人给自己设计一张个性化名片，名片的主要内容包括名字、座右铭、我的班务工作；同学之间相互分享自己名字的含义；把名片张贴在课桌上。

活动效果：由于是学生提前准备好的内容，所以他们在课堂上非常积极地发言、解释自己名字的含义。

（2）问题导入。

活动目的：了解学生对高中生活的憧憬或担忧，以更好地提高课程的实效性。

活动形式：谈话讨论。

问题讨论：①谈谈你对高中生活的憧憬或担忧。②你想建立一个怎样的班级？

活动效果：①学生虽然因不了解高中的学习内容、学习方法而感到害怕、担忧，但也表达了他们对高中生活的向往、对大学生活的憧憬。②在拟建立的班级中，学生们向往的班级有如下关键词：温馨和谐、团结友爱、平等互助、共同进退、热爱学习、勤快上进、集体荣誉感强、气氛活跃、积极进取、充满正能量等。

2. **设想体验**：你为何而读高中？

活动目的：促使学生入学后即思考为何而读书；学会聆听，学会沟通。

活动形式：活动体验。

活动内容：每人至少找10个人了解"你为何而读高中"；每人至少

听5个人分享读高中的理由；2个项目同时进行，用时5分钟；分享3个从别人那里听到的不一样的理由。

活动效果：学生们刚开始不是很活跃，后来在老师的不断鼓励下，他们才转被动为主动，课堂氛围变得非常活跃。从学生们的分享中，我们知道他们都是有理想、有追求的。

3. 活动体验：检测你的自信心

活动一：在一分钟内，你能双手拍多少下？

（1）测试：以30秒为单位进行计数。

活动前提问：你估计自己能拍多少下？（学生心中要有一个估值）

活动体验：学生进行实验。

活动思考：为什么你们双手拍的实际次数要比预测的多？

学生得出结论：主要是自己对没试过的活动没有信心和把握。

（2）见证奇迹：观看视频。

材料：布赖恩鼓掌的照片、视频。来自美国芝加哥的布赖恩，能在一分钟内双手拍804次，打破了吉尼斯世界纪录，成为全世界拍手最快的人（2014年的数据）。

活动效果：在学生观看了布赖恩的拍手视频后，鼓励他们再次体验30秒。学生体验后发现，第二次双手拍的次数比第一次要多一些。他们的感悟是，看到别人做到了，自己就更有信心了，所以第二次尽了最大的努力去做。

活动二：装满水的杯子中还能放多少枚回形针？

活动测试：全班分为三个小组，每个小组分别有三次机会给装满水的杯子中投放回形针，分三轮进行比赛，哪一组放回形针最多且杯中水没有溢出来就算赢。

活动过程：老师给每一组发100枚回形针。在第一轮中，三个小组申请放下20～40枚回形针；在第二轮中，三个小组申请放下10～30枚回形针；在第三轮中，三个小组申请放下5～20枚回形针。

老师观察：学生小心翼翼地往杯中放回形针，每个小组都是后一轮比前一轮放得少。三轮后，三个小组杯中的水都没有溢出来。我打心里欣赏学生这种小心翼翼的做法和积极、认真探索的态度，但是他们也缺乏大胆尝试、大胆突破的勇气。

4. 价值引领：超越自己，挖掘潜能

（1）坚定信心：观看视频《田埂上的梦》。

(2) 再次体验：你在一分钟内能双手拍多少下？

(3) 老师小结：面对挑战和压力，布赖恩看起来面无惧色，表情平静、自然、泰然自若，那是因为他认识到最强劲的对手是自己，重要的是战胜自己，超越自己，挖掘自己的无限潜能。

5. 课后延伸：增强自信心的训练

(1) 表情训练：每天面带微笑地向同学问好。

(2) 思想训练：每天写出三件开心之事。

(3) 行动训练：走路时挺胸、抬头。

(4) 心理训练：每天早上对着镜子说鼓励自己的话，进行自信训练。

6. 课后反思

上课前，我把这节课的题目定为"揭开高中神秘的面纱"，设计的初衷主要是了解高一新生的困惑，并为学生揭开高中神秘的面纱。上课后，我决定把课题修改为"迈进高一，开启追梦新旅程"，因为上课后，我发现这节课不仅是为学生揭秘高中生活，更重要的是引导学生通过实验、体验和思考的方式来看问题、分析问题，增强自己的自信心。

开学第一课可讲的主题非常多，例如时间观念、身体适应、心理疏导、习惯养成、规则遵守、假期社会实践分享、暑假见闻等。班主任可以根据学生的实际情况和班级发展的实际需要设计不同主题的开学第一课。

开学初,要给学生足够的安全感

近几年,我们身边出现太多开学前没有处理好学生的安全感问题,导致学生闹腾,甚至不肯来学校读书的案例,搞得家长身心疲惫,学校也无可奈何。

小灵是一名刚上七年级的女生,学习成绩优良,暑假时在家里各方面表现都很正常,是父母口中的乖乖女,也是"别人家的孩子"。七年级开学初,她去一所新学校读书,早上一到学校就立即出现呕吐的症状,但是家长一接她回家,她身体所有的不良症状立即全部消失。一开始,我和家长都认为小灵是受到假期玩手机"余毒"的影响而变得懒惰,身体不适只是为逃避读书而寻找的借口,所以我们都对她进行说教。但是,没有效果。后来,班上还有几名学生也出现了不同程度的身体不适的症状,也是只要一回到家,所有的症状就全部消失。鉴于班上有几个症状相似的学生,我想,这不该是简单的懒惰和逃避读书的问题,而应该是其他深层次的问题。至于是什么问题,我刚开始也不是很清楚。于是,我一边试着采取不同的方法去影响他们,一边观察他们的表现。最后,几个逃学的学生都正常上学了。

由于换了一个新的学习环境,遇到的老师、同学以及学习内容都是新的,学生难免会产生焦虑不安、担惊受怕、患得患失等情绪。其实,这些情绪的出现与开学初学生的安全感问题没有处理好有关。

那么,开学初,班主任该如何给予学生足够的安全感呢?

(1) 告诉学生其应知、应遵守的规矩。人会为不了解、没有经历过的事情而担心、害怕、焦虑,所以班主任在开学初要把校规、班规、上课要求、作息时间、用餐规定等详细地传达给学生,让学生心中有底。

(2) 宽容对待学生在开学初的违纪行为。有人认为,对学生的初次违纪行为一定要严格处理,这样可以起到杀鸡儆猴的作用。果真是这样吗?其实,无论是杀鸡儆猴还是"新官上任三把火",都只能让学生因一时捉摸不透新班主任的套路而有所顾忌,一旦学生摸清了老师的底细,他们就会变得肆无忌惮;或者他们把明面的违纪行为转为暗地里偷偷地进行,老师与学生之间玩起了"猫抓老鼠"的游戏,老师因此而疲于"救火",被学生牵着鼻子走。这是我们想要的教育效果吗?肯定不是。这是班主任管理无能的表现。无能的班主任只能想到通过控制学生来达到教育效果。我认为,班主任与其挖空心思去控制学生,不如真诚地走近学生,了解学生,理解学生,宽恕他们的错误,构建良好的师生关系,让学生感到安全和温暖。

(3) 亲自体验学生完成质量不高的任务。很多时候,班主任是站在一个制高点上给学生下达任务,或者根据自己以往的经验指挥学生做事情,或者连自己都不清楚工作的难易度就安排学生来操作。例如:擦黑板对一般的中学生来说是一件很容易的事情,然而对个子矮小的学生来说却不是易事;完成作业是学生应该做到的,然而对基础差的学生来说就不是易事;科任老师同时布置较多的作业,学生按时上交就不是易事;在早读前完成打扫公区的任务是学生应该做到的,但是学生就是完成不了,原因是多方面的,可能是劳动任务多,可能是学生人手少,可能是班级管理不善,也可能是学生不按时到位、马虎应付……所以,一部分学生就是会遇到别人认为很容易而他们却不一定能做到的事情。这样的事情告诉我们,经验固然重要,但是教育应该实事求是,应该解决当下的问题。那么,如何解决这些问题呢?我认为最好的解决办法就是班主任亲力亲为,跟着学生体验他们所遭遇的困难,因为班主任只有与学生站在同一高度,才能真正了解问题的难度,只有以同理心待人处世,事情才会朝着良好的方向发展,否则,班级管理的问题会越来越多,事情也会越来越糟糕。

(4) 做好班级管理的细节。班级管理细节,也许只是一句话、一条规定、一次批评、一个眼神,但是这些看似微不足道的细节,能决定一件事的成败。有时候,成功并没有那么复杂,做好别人没做到或者忽视的小事,你就赢了。古人云:不积跬步,无以至千里;不积小流,无以成江海。细节决定成败,这是不变的真理。

在开学初的班级管理中,我非常注意工作的细节,特别是担任高一新生的班主任时,我会做好每周甚至每天的工作计划,以增强新生的安全感和舒适感。人们都说一年之计在于春,一日之计在于晨,我想,一学期之计应该在于第一周吧。所以在每个新学期的第一周,我都会耐心地给学生做详尽的工作要点提示。

高一新生第一周工作要点

(1) 饮食起居:班主任告知新生起居饮食的时间、地点以及如何用餐，让学生对陌生的环境有初步的了解。

（2）班干部竞选：公平竞选临时班委、组长、科代表等职务，让学生感受公平，给想锻炼的学生一个机会，让班级管理有序进行。

（3）值日工作：提前制作好教室、公区和宿舍的卫生值日表，任务具体，安排到人；值日安排最好以宿舍为单位，通过劳动，让学生互相认识和了解，增进彼此之间的感情。

（4）搭配科学：科学、合理地安排学生的宿舍和座位，做到优劣搭配、良莠共存，不放弃、不抛弃任何一名学生。

（5）制度学习：组织学生学习校纪校规、班级公约、宿舍规定等规章制度，让学生全面了解学校。

（6）了解学生：让学生填写"信息调查表"，调查内容包括学生的学习能力、抗挫能力、人际关系、父母的文化程度、父母的工作、家庭经济状况、家庭人口、亲子关系、手机使用情况等，以便班主任充分了解学生的情况，做到知己知彼。当然，班主任要遵守保密原则，不得随意泄露学生的信息。

（7）名片设计：引导学生设计和展示个性名片，将其粘贴在桌子的右上角，让生生之间、师生之间尽快熟络起来。

（8）习惯教育：抓好学生的守时观念、学习观念、安全意识、卫生习惯、节约习惯、作息习惯等养成教育，让学生尽快融入新学校和新班级。

（9）各项评比：教育学生认真对待学校组织的班风学风评比、宿舍评比、卫生评比等，让学生形成良好的利他意识、责任意识和大局意识。

（10）深入课堂：班主任要勤到位，深入学生的生活和课堂当中，掌握学生的第一手材料，让学生从老师身上看到言传身教的作用。

（11）建立信任：当学生出现问题时，班主任要有同理心，护着学生，如朋友般为他们排忧解难，让学生信任老师。

（12）优化科任：向学生隆重介绍科任老师，增强学生对老师的了解和对学习的信心。

（13）课程教育：结合学生的实际情况准备开学第一课，有针对性地对学生进行教育，让学生在心理上尽快接纳新学校和新班级。以后每1～2周举行一次德育课程教育，对学生进行发展性的指导教育。

（14）建立联盟：家长的参与是学校教育顺利开展的重要保障，所以开学第一天就要立即建立家长微信群，让家长及时了解孩子在学校的生活、学习等的动向，让学生安心，让家长放心。

其实，为了让班级开局工作顺利开展，给学生足够的安全感，班主任除了在工作中注意细节、敢于担责，还要做一个勤快的人，这样才能做到在问题出现之前就发现隐患，堵塞漏洞，防患于未然；或者在问题出现时第一时间到场，掌握第一手材料，及时化解问题。开学前两周是班主任与学生的磨合期和观察期，也是良好班风、学风形成的关键节点，有些学生总爱钻空子，迟到、早退或者做一些与班级管理规定相违背的事情，所以班主任尤其要勤快。

开学初,班主任要注重言传身教

开学初,班主任与学生之间尚未熟悉,班级管理尚在互试阶段。所以班主任既要工作勤快,又要把工作做实、做细,做到率先垂范,以自身的行为影响学生,让学生信任和尊敬老师。

开学第一天早上,我早早就来到学校跟进学生打扫公区的任务。按照以往的经验,安排12名学生打扫公区是足够的。但是,如果从学生最早到位的时间算起,直至最后倒完垃圾,须用时50分钟才能完成打扫任务,结果值日学生全体迟到。学生被年级领导截留下来,在教学楼一楼罚站反思。我如果不是一直参与学生的打扫工作,可能也会因为学生迟到而批评他们,甚至还会误会他们。

幸好我从始至终参与了劳动的全过程,也看到了大部分学生为完成任务而全力以赴,但是最后还是不能按时完成任务。为什么会这样呢?我仔细回想了整个劳动过程,原因很快就浮出水面:

一是我们班的清洁区是半个400米运动场加运动场外面的走道,公区范围大,而且我和学生都没有提前进行实地查看,导致人员安排不合理。

二是经过一个假期,清洁区沉积了很厚的树叶,我们没有提前查看情况,导致预估错误、人手不够。

三是12名学生值日,劳动工具只有8个扫把、2个垃圾篓和2个垃圾铲,没有扫把的学生在一边等待,在大家打扫完之后才清理垃圾,导致分工不合理。

学生不能及时完成清洁任务,虽然造成问题的直接责任人是学生,但是问题的主要责任人是班主任,是班主任没有提前做好功课。凡事预则立,不预则废,说的应该就是这个道理吧。所以,我对这个事情是有责任的。当然,为了烧起新班主任的"三把火",班主任可以把责任推给学生,但若是这样的话,班主任就给学生树立了一个负面的形象,也会失去学生的信任。当时还有几个班级的学生为了不迟到,没有完成打扫任务就回去了。我们班的学生虽然迟到了,但是他们坚持完成任务,没有逃避责任。

言传身教是最珍贵的教育。为了让学生明白什么是责任、如何担责,当学生被年级领导批评的时候，我立即站出来向领导汇报学生认真劳动的整个过程，主动把责任揽了下来，并保证第二天按时、按质完成任务。年级领导被我诚恳认错的态度打动，最终同意学生回去上课。

为了避免问题重现，我在课间立即召集打扫公区的原班人马商量解困之计。经过批评风波与解困事件，学生看到了一个有责任、讲义气、有温度的班主任，他们很快就在班级里把班主任的高大形象传开了。当然，更好、更快地完成劳动任务的方法也很快就出来了：一是守时守规，不准迟到；二是区域细分，分工合作；三是互帮互助，先完成的帮助未完成的；四是提前行动，下自修后提前打扫公区，第二天早上再轻松地查漏补缺。就这样，一个不容易完成的任务被我们轻而易举地攻克了。

我们在教育中时常会遇到这样的突发事件、危机，这就是教育现状。其实，教育的最大魅力不在于教育者对教育有如何完美的预设，而在于当问题出现时，教育者有能力把"危"转化为"机"，把教育事故转化为教育故事，有能力利用事件去帮助学生从中吸收经验教训。这样，问题就不再是问题，而是良好的教育契机。

虽然打扫的问题被我们克服了，但是要在开学初形成一个执行力强的班集体，谈何容易。所以一个行之有效的、能促进团队共建的团队辅导课是必不可少的。下面附上一节我给学生上的团队辅导课例。

学会合作，构建共赢团队

【活动理念】

合作是 21 世纪学生必须具备的基本素质。现在很多学生不懂得如何与人合作，普遍存在以自我为中心的问题，在生活和学习中不会也不愿与他人合作。设计本课活动是为了让学生明白团结合作的重要性，体会到团队目标与个人目标有冲突时，只有先实现团队目标，才能实现个人目标；通过参与团体拼板的游戏，让学生深刻体验到合作过程中出现的多种影响合作的因素，并从中获得感悟，总结出促进良好合作的经验，引导学生把活动感悟迁移到现实生活中，指导学生在生活中遇到类似的情况时进行合作交流。

【活动目标】

（1）对学生进行合作意识、合作态度的培训，使学生明白团队合作的重要性。

（2）让学生在活动中体验成功与失败，明白成功来自大家的合作并掌握团队合作的技巧等，从而增强学生的合作意识，培养学生的合作能力。

（3）通过活动，使学生体会、感悟人与人之间相互配合、分工合作的重要性，从而在学习、生活中加强团队合作，建设一个团结向上、合作共赢的班集体。

【活动主题】

活动主题为"合作·共赢"。

【辅导重点】

通过活动体验，培养学生的团队合作精神与合作能力。

【辅导难点】

引导学生把在活动中的感悟运用到学习和生活中。

【活动准备】

制作课件；将学生分成若干个六人小组，每组配一副扑克牌；准备好奖品；等等。

【活动过程】

1. 团队热身阶段

（1）热身活动。

设计目的：使学生放松心情、消除紧张情绪，帮助学生尽快进入课堂活动，同时起到导入主题的作用。

活动说明：①两人进行"剪刀与布"比赛，比赛者之间不得说话交流。②一人出剪刀得2分，另一人出布得-2分；同时出剪刀，各得-2分；同时出布，各得2分。③比赛进行3轮，统计得分，分数最高者为赢家。

（2）提问与分享：在比赛中，你们出得最多的是什么手势？有没有办法使比赛双方实现共赢？

结论1：比赛结果有输也有赢，在比赛中是竞争对手的两人，在团队中是合作伙伴，所以比赛的胜利不应该只是一个人的胜利，而应该是团队所有人的胜利。

2. 团队转换阶段：团队精神是集体必备的核心素质之一

（1）合作事例展示。

设计目标：让学生从别人的合作中初步感悟团队精神的重要性。

事例展示：①企业发展离不开合作。例如，比尔·盖茨回答需要什么样的人进入他的公司时，把团队精神放在了第一位。②小蚂蚁合作搬动庞大的物品。问：小蚂蚁靠什么搬动庞大的物品？

小组讨论：你认为顺利合作完成一项任务，需要具备哪些基本的因素？

基本因素：目标、分工、领导、指挥、沟通、策略、执行力、态度……

（2）深化案例展示。

设计目标：让学生从大型的成功案例中加深对团队合作的认识。

观看视频：新中国成立70周年国庆大阅兵。

小组讨论：你认为要完成一个重大的合作项目，成员需要什么样的团队精神？

老师总结：应具有强烈的责任感、使命感；要有敢于拼搏、勇于奉献的精神；要发扬团结协作的精神；要有肯吃亏的精神；每个成员须付出自己最大的努力，发挥自己最大的能力；需要一个强有力的组织机构和领导集体。

结论2：个人再完美，也只是一滴水，一个优秀的团队才是大海。

3. **团队工作阶段：在实践中增强集体凝聚力**

（1）互动游戏：搭建"高楼"大比拼。

设计目标：让学生通过亲身参与实践活动，体验成功与失败，感悟团队合作的重要性。

活动说明：①用纸牌搭建5层高的"高楼"，比赛时间为4分钟。②搭建好后举手告诉老师，数10秒后不倒塌即视为完成。③所建的5层"高楼"，在规定时间内用牌最少的一组为胜；如果所用牌数一样多，那么用时少的一组为胜；用牌多或到时间仍未完成的小组为输。④安排一名观察员，负责记录本组的活动，汇报本组的比赛结果及原因，其余人员直接参与搭建"高楼"。

（2）分享活动体验——聚焦于问题本身的分享。

设计目的：让成员通过交流，分享个人的体验，提升认识，总结经验。

小组交流分享：①你认为，你们组的优势和劣势分别是什么？②如果再给你们一次机会，怎么做才能做得更好？

（3）获得新生的机会。

再给比赛失利的小组一个合作的机会,请他们在现场合作表演任意一种动物。

要求:要有集体造型(每个成员只是动物的一个部分)并模仿出动物的叫声。如果现场观众能猜中是什么动物,那么小组表演成功。

(4) 联系现实的学习、生活思考。

设计目的:引导学生发现在现实生活中,有些人存在以自我为中心或不善于与人合作的问题,并引导学生把刚才提炼的经验和收获迁移到学习、生活中去,使这些经验能持续发挥作用。

问题讨论:对于我们这个新组合的团队(或班级),你认为在学习和生活中存在哪些合作不良的现象,应该怎么改善?

学生自由分享。

4. 理论升华

瑞士著名心理学家荣格曾列出一个公式:I + we = fully I(我 + 我们 = 完整的我)。意思是说,一个人只有把自己融入集体中,才能最大程度地实现个人价值。

5. 团队结束阶段:有奖有罚,团队的福利

设计目标:让成员亲身体会团队的成功或失败并共同承担后果,同时再给比赛失利的小组一次机会,让他们展现和体会团队合作精神。

现场表演:小组全体成员合作表演一种动物,要有集体造型(每个成员只是动物的一部分)并模仿出动物的叫声。小组有3分钟的策划和练习时间,以及10秒钟的展示时间。

奖励:颁发奖品给上一个环节的胜出组,让成员看到团队胜利给个人带来的福利。

6. 课堂总结

(1) 学会关注别人,为他人着想,为团队着想。

(2) 影响合作的内外因素:成员的个性(自以为是、自私等)和能力(如短板)、不准沟通的环境、计划与策略、领导组织等。

(3) 总结良好的合作条件:把团队目标放在首位、有效的领导、计划与策略、良好的沟通、成员的个性与能力等。

玩转课堂的开学季

高二对学生来说是衔接高一与高三的重要时间节点,正如接力赛中交接棒的关键环节,如果交接时出现了问题,那么就会严重影响最后的冲刺。

8月底,又要开学了,我又可以见到久别的学生了,心情难免有点小激动。为了帮助莘莘学子实现大学梦,我深夜伏案,提前描绘育人蓝图,备好精彩的开学第一课,设计让学生乖乖地跟着我走,然而我很多时候都想不出令人满意的内容和方法。于是我决定先从学生身上找问题,再制定策略。

高二是承上启下的一年,是学生成绩分化的分水岭。高二学生既退却了高一的稚嫩和小心翼翼,又没有对毕业的担忧和学业压力,此时他们的精力最旺盛,行为变化多端,思想跳跃性大。高二是家长和老师最不省心的一年。

在这一年里,学生会有两个转变:一是思维方式的转变,二是学习方式的转变。高二学生从以形象思维为主向以抽象思维为主转变,并初步完成向以抽象思维为主的理论型水平的转变。此时期是学生变被动学习为主动获取知识的阶段,也是能否摆脱对老师的依赖的重要一年。学生能否顺利实现这两个转变,是学生成绩能否突破的关键。

那么,对于高二学生,在开学季,班主任应该做些什么来影响他们呢?

我不再固守常规,想做一个有童心、童趣的老师。于是我决定与学生玩转开学第一课。

开学啦,我踏进教室,又看到了几十张熟悉的面孔。多日不见,学生好像变了。究竟是什么东西变了呢?我一下子也说不上来。但是我知道,他们在开学初不缺学习时间——这才开始学习;他们也不会在意老师的知识轰炸——现在还没有高考的压力。他们缺的是自主学习的规划、收心的动力和持之以恒的毅力。于是,开学第一课,我决定不给他们上常规课,而与他们一起玩转课堂,在玩中传达教育理念。

"都坐好了,我们玩一个一心二用的抓手指游戏。"我一踏进教室就这样说。"好啊！好啊！"教室里立即沸腾起来，假期后遗症一扫而光，他们又呈现出生龙活虎的样子，我好喜欢这些朝气蓬勃的孩子！

抓手指游戏的规则是把全班分为若干个小组，每个小组围成一个圆圈，每人同时伸出两只手，左手向上伸出食指，右手掌心向下放在右边人的左手食指上，老师播放一段朗诵，当读到"蓝天"时，每人的右手要去抓右边人的左手食指，同时收回自己的左手食指以免被别人抓住。

玩着玩着，学生只顾着用右手去抓别人的左手手指，却忘记抽走自己的左手手指；或是只顾着抽走左手手指，却忘记用右手去抓别人。教室里充满了欢声笑语。游戏结束后，我问：这个游戏给大家什么启示？学生好像忽然间开窍了一样，你一言我一语地讨论开了。是的，正如大家所说，做事情不能一心二用，要有一心一意做事的态度和全心全意的拼搏精神。

我的开学第一课就是这样，没有空洞的说教，没有吓人的逼迫，有的只是开心的玩耍：在玩耍中明理，激发兴趣和学习动机；在玩耍后收心，激活内需和做事的自主性。时代在变，学生在变，老师的教育教学方法亦要与时俱进，与学生的心理需求结合起来。教育需要走进学生的内心，激发他们自主学习的内动力，激活他们的灵魂。否则，老师只会哀叹：今天的孩子怎么啦？

作为老师，我们很多时候无法预判所做的事情对学生的将来有什么影响，但是在看到学生的反馈后，我觉得自己的努力是值得的，毕竟我曾经在学生需要的时候为他们努力过。

高二是学生读书生涯中最难过的阶段，也是最难忘的阶段。为了让学生快速收心，我乘胜追击，给他们上了一节"准高三，你做好准备了吗？"的主题班会课。下面给大家分享这节班会课给学生带来的思考和感悟。

跨进准高三

曾昭群

高二也可以说是准高三。一谈到高三，我们就会想到"起得比鸡早，干得比牛累，睡得比狗晚"的生活，同时，到了高三，我们就要面临人生最重要的一个转折点——高考。现在的高考虽然不像古代科举考试那样，一朝金榜题名就享尽荣华富贵，但也在很大程度上决定着我们今后要走的道路，不可谓不重要。现在虽然是准高三，还不是真正的高三，但也是进入高三前的一个重要的阶段，是高中生活的一个重要拐点，是承上启下的一年。

在高二这一年里，我们需要做的准备太多了，需要适应的地方也太多了。做好上高三的准备，我们需要做到：首先，制订一个科学的学习计划，按照计划有条不紊地学习；其次，正确认识自己的潜力，树立一个适合自己的奋斗目标；最后，要相信自己的潜能和实力，相信"Nothing is impossible."，充分地发挥自己的优势，以最好的状态迎接高考，为自己的理想尽力一搏。

准高三感想

陈文论

高二已经来临，高三还会远吗？同学们，你们做好进入准高三的准备了吗？

其实，对于昨天晚上的主题班会课，我有很深的体会。老师提出的许多问题给我的心灵带来了很大的震撼，一直萦绕在我的脑海里，挥之不去，因为我真的很害怕，我不敢正视这些问题。说真的，如果到了高三，我还像现在这样吊儿郎当，没有好的学习状态和学习方法，该怎么办？我真的不敢想象！是的，是应该趁早"回头是岸"、努力学习了。只要还有明天，那么今天就永远是迎接我的起跑线。

"困难即是赐予"这句话说得真好。任何一件事都有其两面性，当你为某一件事感到苦恼或某些困难、挫折致使你停滞不前时，你不妨换一个角度思考，以积极的心态去面对挫折、挑战困难。我一直以这句话作为我的座右铭："一个人要想成事，必须得有四分——天分、缘分、安分、本分。"

总之，做好一个学生应当做的事情，不管是不是准高三都一样，因为读书求学，哪个阶段都很重要。高三，等着我，我就要来啦！

一节班会课的感想

张沛琳

　　昨天晚修时，李老师给我们上了一节班会课，班会课围绕着"准高三，你做好准备了吗？"来展开。老师让我们玩了一个"一分钟鼓掌多少次"的游戏，当老师问我做完游戏后的感想时，我特别紧张，不知道自己讲了什么内容，原本想好的感想都给吓跑了。但是我知道，不能高估或低估自己的实力：高估实力会让自己太过自负，由于骄傲而学不到知识，而低估实力会让自己失去原本拥有的自信。所以我们只有努力实践，才能知道自己的实力如何。

　　班会课结束后，我更加清楚地意识到我与高三的距离到底有多远。逝去的每一分每一秒都在拉近我与高三的距离。在高二阶段，我必须努力学习并做一些有意义的事情，充分地利用时间，积极战胜困难，让自己在高二时有一个美好的回忆。

准高三的感想

杨璧如

　　有人说：人生只有三天——昨天、今天、明天。活在昨天的人迷茫，活在今天的人踏实，活在明天的人在等待。对于现在高二的我来说，高一是已经过去的昨天，高三是还没有到来的明天，真正可以利用的只有现在的高二。所以，我一定要好好地把握今天、期待明天。

　　在接下来的高二生活中，我会时时刻刻为高考做准备，时时刻刻成为时间的主人。我要化被动为主动，自觉学习，独立思考，树立学习目标，不再让老师牵着鼻子走。

　　加油！让昨天没有遗憾，让今天活得踏实，让明天更加精彩！

准高三了,该怎么做?

陈美珠

懵懂时,穿着兜兜裤去邻居家串门,说长大后要读清华大学,逗得大家哄堂大笑。如今,进入准高三了,是该好好规划准高三的学习与生活了。

高二是高三的奠基石,高三是凸显在地面的高楼,没有高二的坚实基础,就没有高三的坚固高楼。我要先一步一步地稳扎根基,再一步一步地实现梦想。

在学习的过程中,难免会遇到波涛汹涌的海浪,我会在遇到困难时保持耐心、恒心和信心,勇敢面对。不知道有多少个夜晚因为学习的压力和成绩的起伏而无法入眠,但是我还是会以积极的心态面对高考、挑战高考。拼搏的人才是最值得尊重的。

准高三,来吧,我已经准备好啦!

看到学生的反思和决心,我再一次肯定老师的努力付出对学生的成长是非常重要的。虽然老师不一定能给学生全面的指导,老师的指导也不一定符合每个学生的成长需要,但是老师可以在学生站在成长的十字路口,不知该如何走时,提出问题,引发他们思考,由他们自己决定,这就行了。

艺术班的花样开学季

又是一年开学季,告别了休闲而舒服的暑假,又开学了。

一看班别,我惊讶万分;再看分班名单,我不用火眼金睛就看到了最令老师头疼的"十大天王"和他们的"小弟"。后来一打听才知道,他们大多是因为成绩太差而"无科可选、无书可读",只好听从家长的劝告,选读美术、音乐,也有一部分学生是得知我担任班主任而慕名前来。我可以理解家长们的智慧,他们希望通过"曲线救国"的方式让孩子们更容易考上大学,但是他们忽视了现实问题,全级的"神兽"都集中到一个艺术班,这个班岂不是每天都鸡犬不宁?

我想先从开学第一课着手,对学生进行"洗脑"。但是,这不是一个普通的班级,我不能贸然行事,于是决定先观察学生一天。

果不其然,开学第一天晚上学生就打破了原本平静的夜晚。经过一天的观察,班级所有的问题都暴露无遗。

本班学生共70多人,住宿的男、女生有67人。第一天晚上12点过后有一半学生还在用手机,其中有2名学生因不肯把手机交给宿舍管理员代管而顶撞舍管。按照学校德育量化考核管理办法的规定,带手机回校扣30分,顶撞学校的管理人员扣50分,这2名学生入学第一天就被扣了80分。作为旧生,他们非常清楚考核办法的处理规定,扣70分就要做劝退处理。这就是我的学生,他们明知不可为而为之,宁愿冒着被学校劝退的危险也要玩手机。

第二天正式上课,课堂上暴露的问题更加严重:早读预备铃声响起时,只有10多名学生在教室,剩下的有一半学生踩着上课铃进教室,还有差不多一半的学生迟到;校内公区没有打扫,教室里的纸屑乱七八糟地躺着;课堂上乱哄哄的,大部分学生不是睡觉就是开小差,科任老师授课说得最多的就是"安静、不要吵"。从浮现的问题中可以得知,学生学习态度差、自我控制力差、生活乐趣缺乏、人生目标模糊,有的甚至就像一具没有灵魂的行尸走肉。

这个班级狠狠地给了我一个下马威。当然,这些仅仅是浮出水面的显性问题,那么隐藏的问题还有多少?我新官上任的"三把火"还没有烧起来，学生反而把我这个新班主任给镇住了，看来只能从长计议了。

对于问题这么多的班级，如果班主任仅仅实施常规性教育，那么肯定会遭遇教育的"滑铁卢"。所以，对于不受常规约束的学生，我决定一改以往的教育风格，不按常规出牌。

在开学第一课上，我和学生之间"斗智斗勇"的故事正式拉开帷幕。

终于上课了，我调节好心情，面带微笑地走进教室。学生见班主任满面春风地走进教室，真是"丈二和尚摸不着头脑"，班级纪律这么差，班主任还笑得出来？可能是见惯了怒发冲冠、苦口婆心式的教育，他们不知道新班主任的葫芦里卖的究竟是什么药。我密切地关注学生的表情，没有想到，从教室门口到讲台，学生全程安静地瞪着我，满脸问号。我想，我已经迈出了成功的第一步，因为学生会思考了，他们对未知的东西感兴趣了。

其实，每个人心中都住着两个自己，一个天使、一个魔鬼，一个理性、一个感性，一个正义、一个邪恶。当教育者懂得学生的心理，实施合乎学生成长需求的教育时，他们心中的魔鬼就不会出来作怪，因为每个人都有向上和向善的能力，每个人也都有刷价值感和存在感的需要，想在新老师的心中保持着好印象。

根据"罗森塔尔效应"，要想一个人发展得更好，我们就要给他传递积极的期望。期望对人有巨大的影响，积极的期望促使人向好的方向发展，消极的期望则使人向坏的方向发展。于是，我把学生当作天使，向学生传达了积极的期望。整个课堂上，我一直保持微笑，我也看到学生回报了我微笑。

其实，学生就是老师的一面镜子，老师传递了什么给他们，他们就反馈什么给老师。

开学第一课讲什么内容好呢？我不能上传统的洗脑式教育课，否则学生就摸清老师的底细了。其实，很多学生是因为目前的学习困境和成长挫折而一叶障目，还不能跳出问题来看问题和解决问题，所以班主任要从更高的层面引导学生跳出目前的问题，看到未来的世界，打破他们原有的固化的思维模式，引导他们去看外面精彩的世界。于是，我把多年来外出旅游的故事和感悟讲给学生听。

在课堂上，我与学生分享了三个观点：

（1）永远保持初学者的心态，在旅途中且行且探索。我问学生在旅途中会做些什么，有学生立即接上：上车睡觉，下车尿尿，景点拍照，回家啥都不知道！大家哄堂大笑。我没有数落学生，反而告诉他们，旅游是一种心态，也是一种生活，更是一种学习与收获，只要保持着初学者的心态，就无时无刻不在学习。当学生发现班主任不仅没有批评他们的搞怪，还表达了比较有哲理的观点时，全体学生的眼睛齐刷刷地盯着老师。他们的眼神已经说明一切，他们愿意听我的唠叨。接着，我把旅游所到之处，如历史色彩浓厚的岳麓书院、岳阳楼、秦始皇陵兵马俑、河南龙门石窟等景点，又如适合红色之旅的毛泽东故居、遵义会议会址、中共一大会址、会宁会师纪念馆等景点，又如风景宜人的张家界、九寨沟、黄龙、青海湖等自然景观，一一与学生分享，也把各省大城市的发展与繁荣一一讲述给学生听。

学生听得津津有味，流露出羡慕、向往、渴望的表情。看起来，我与学生交锋的第一仗，他们已经"缴械"了。

（2）学会打破砂锅问到底，在游玩中刨根问底。学习永远在路上，旅游是行走的学习。在与学生分享时，我利用自己是一名历史老师的优势，把历史知识贯穿于每一个景点之中。学生们非常惊叹，怎么也想不到从旅游中也可以学到历史知识。

（3）不忘初心，牢记为何出发的使命。每个人对旅游的理解都不一样，有的是为了看风景、购好物、拍美照，有的把旅游当作一种生活方式、人生体验和生命历练。但是，不论是理解为物质的还是理解为精神的，我们都不要忘记最初为什么而出发。如果出发之后遭遇一些困难和挫折，该怎么办？"读万卷书，行万里路"，每个人对自己的定义都可以不一样，但是我们都要牢记出发时的雄心壮志。

学生们全神贯注地看着我，表情充满了疑惑，似乎在思考：真的吗？又似乎在说：真深奥！

铃声响了。学生说：怎么这么快就下课啦！这一节课，我没有讲德育，但是教育无处不在；没有讲学科知识，但是历史知识贯穿了课堂。这就是我想要的课堂。

作为班主任，我们经常会遇到教育上的困惑，经常会恨铁不成钢。与其"怒其不争，哀其不幸"，不如想方设法吸引学生，激发学生的兴趣，激活他们的思考力，让他们自主发现学习之珍贵、过程之美妙、收获之美好。

我的开学第一课，教育效果真神奇！但是，它仅仅是我与学生花式"斗智斗勇"和吸引他们兴趣的第一步。

为了更好地了解学生的个性,更科学地指导学生规划自己的学习与生活,我觉得在开学初,班主任还要注意做好如下工作:

(1)防止出现"破窗效应"。开学初,由于班级管理不完善,存在许多管理漏洞,有些学生利用管理上的疏忽做出违纪行为,例如上课打瞌睡、暗暗地开小差、踩着时间点到位、偷偷地溜之大吉、不按时完成任务等,这些看起来似乎都是很小的问题,但是古语有云:"千丈之堤,以蝼蚁之穴溃;百步之室,以突隙之烟焚。"如果班主任不能及时发现,也没有及时制止这些现象的话,那么它们很快就会蔓延开来,并且因为"破窗效应"的影响而导致问题越来越多、越来越严重。

(2)防止以"遥控式指挥"的方式管理班级。对于新的班级,由于班规尚未形成,学生的磨合期还没有过,他们还在试着了解和适应新的生活和学习习惯,所以很多时候班级管理的效果不佳。班主任不能遥控指挥,而应事必躬亲,通过亲身体验,以同理心去了解学生的感受,寻找更合适的解决办法。

(3)教育需要"留白"。何为留白?顾名思义,留白就是在作品中留下相应的空白。如果把所任教的班级当作一幅书画作品,那么这幅作品的好坏就能体现出班主任的管理艺术。如何在教育中"留白"?作为教育者,我们经常会犯这样一种错误,就是把班级管理的各项规划都做得满满的,没有给学生留下一丝的想象空间,让学生按照自己的想法去设计,久而久之,学生也就成为被动接受、没有思考能力的人。因此,教育要保护学生的求知欲,留下"空白"与未知,让他们充满兴趣地对未知的事情进行探索。

开学初，顺着问题解决问题

开学初，校长语重心长地对我说："这班孩子基本来自非富即贵的家庭，他们大都个性比较活泼好动，我相信我们最好的班主任一定能把他们带好。"由于高中实行分层教学，我任教的班级问题特别多。但是，校长就这么轻松的一句话，竟然让我无法辩驳，也无法拒绝，还心甘情愿地为此赴汤蹈火。了解内情的同事开玩笑说："这是一个'兽性'很强的班，恭喜你即将成为'驯兽师'。"这是话里有话啊，这不，开学初，我就领教了"活泼好动班"的厉害。

开学初，我巡察班级时表现出一副特别严肃的样子，目的是让学生知难而退。我暗自庆幸，学生在我面前都表现得很乖顺。但是，课后我收到了许多投诉。班干部一连几天投诉："很多男生上课老是拖拖拉拉，完全没组织、没纪律，自修时还有部分学生在偷偷地玩手机、看小说。"科任老师说："有一半男生上课时乱讲话，课堂上乱哄哄的，我们根本制止不了，授课难以正常进行。"鉴于学生在班主任和科任老师面前表现不一样的情况，科任老师送我们班一个"雅号"——"作秀精仔班"。真相令人难以置信，学生原来是在演，是"作秀"给我看。我该怎么办？

在我无计可施时，我想到了一个古希腊神话故事：古希腊时期，塞浦路斯国王皮格马利翁喜爱雕塑。一天，他成功雕刻了一座美女塑像，对其爱不释手，每天以深情的眼光观赏不止。看着看着，美女竟活了过来。这就是著名的"皮格马利翁效应"（又称"罗森塔尔效应"）。这个故事给我们的启示是：赞美、信任和期待具有一种能量，能改变人的行为；当一个人获得另一个人的信任、赞美时，他便获得一种积极向上的动力。学生在班主任面前"作秀"，表明学生在心理上是想变得优秀的。与其戳穿他们的"阴谋"，不如将计就计，顺着他们的做法。我相信只要方法得当，他们的"作秀"最终会变成真正的优秀。

在接下来的一段时间里，我一边见招拆招，控制大局，安抚科任老师和班干部，一边深入摸清学生的情况，做到知己知彼，同时尝试着采用各种解决问题的策略。

一、摸清底细,知己知彼

我班共有72名学生,男女比例是35∶37。有道是,男女搭配,干活不累。这个比例在开展活动时便于照顾到每一个学生。城乡比例是53∶19。大多数家长不是做生意,就是建筑包工头或者单位领导,可见这些孩子家庭经济条件优越,自小就参加各种各样的培训班,见识广,多才多艺,容易接受新生事物,"鬼点子"多。

二、投其所好,扬长避短

从心理学的角度分析,中学生对异性是有好奇心的,男生会在乎他们心中的"女神"的感受。由于我们班的违纪主要是男生制造的,所以我在分组时尽量让男、女生搭配组合,并由女生出任组长管理本组。经过一段时间的观察,班级的纪律慢慢地好转了:上课迟到、早退的现象少了,上课开小差的人数少了,就连不交作业的情况也基本没有了。科任老师都难以相信,他们口中的"作秀精仔班"就这样被我拿下了。但是,这只是学生暂时的表现,情况还是会反复的,所以对他们的引导还要继续。

三、顺势而为,打造动静相宜的班级文化

我们班多才多艺的学生很多,他们都喜欢彰显个性,活泼好动有余,安静淡定不足。我决定顺着学生爱"作秀"的特点打造动静相宜的班级文化,挖掘学生的潜能,做到人尽其才。

班级文化包括物质文化、制度文化和精神文化等方面,是班级成员共同创造的群体文化,体现了他们共同的心理意识、价值观念和文化习性。班级文化建设的好坏决定了班级的优劣。

(一)打造动态文化,"作一作"才艺

苏霍姆林斯基说:"孩子在他周围——在学校走廊的墙壁上,在教室里,在活动室里——经常看到的一切,对于精神面貌的形成具有重大的意义……我们竭力要使孩子所看到的每幅画,读到的每句话,都能启发他去

联系自己,联系同学。"为了激发学生对班集体的热爱,鼓励他们"作一作"才艺,我决定每个学期定期举行"可爱的家园"主题教室布置比赛及"动态走廊"主题教室外墙设计比赛。其中,"可爱的家园"包括"书中自有黄金屋""我们的约定""许愿树""天天打榜"和"学习之星"等五个模块,"动态走廊"要求与时俱进地结合重要节日、重大活动等进行设计。比赛要求布置所用的材料以手工作品为主,内容丰富,形式多样。学生一听说要秀才艺,还能用他们的作品来布置教室,参与的热情都很高涨。打造这种可见的动态文化既可以调动学生的积极性,还可以让学生"作一作"才艺,刷一刷存在感和价值感。

(二)打造活动文化,"秀一秀"活力

我班学生大部分是好动分子,我决定顺着他们的个性打造符合他们实际情况的活动文化,每周举行一次活动大比拼,通过活动彰显他们的个性,形成班级凝聚力。

开学初,我设计了以小组为单位的系列活动比赛,例如"两人三足""快速风火轮""人体造型设计""信任背摔"等。通过系列比赛活动,培养了学生参与竞赛的意识,强化了小组的集体凝聚力,提升了学生的抗挫能力,学生也逐渐形成良好的团队协作精神。

为了更好地实施顺势而为的教育,我在班会课教育方面也创设了系列活动体验式课程。例如,在开学第一个月,我开创了四个主题教育课程(见表1-1)。

表1-1 开学第一个月的主题教育课程

时间	主题	目标
第一周	揭开高中神秘的面纱	让学生在活动中了解高中的学习与生活,为学生赋能
第二周	守规·修身,我的责任	让学生在活动中懂得遵守规则的重要性
第三周	与时间赛跑	让学生在活动中明白时间的可贵
第四周	活出生命的厚度	通过活动,让学生学会珍惜生命,懂得生命的厚度比长度更重要

（三）打造静态文化，"养一养"内涵

俗话说："没有规矩，不成方圆。"班级规章制度是班集体为实现共同的奋斗目标而制定的规则，是班级文化建设中的约束机制，是形成班级良好风貌的必要条件。接下来，我顺势引导学生制定班规、奖惩制度、班级目标等，让学生在这些静态文化氛围中逐渐懂规矩、知礼仪、有目标、惜人生。

（1）共同讨论，制定班规。学生由于在班会课中得到了启发和"洗脑"，所以经过一周时间的酝酿和讨论，他们很快就制定了班规。班规的内容主要包括"上课纪律""考勤制度""争做标兵班"三个模块。班规是学生自己制定的，所以他们都很容易接受。

（2）量化考核，奖罚分明。让学生参与制定班级量化评分细则，并根据每周的得分，评出"学习之星"和"不文明学生"。凡是被评为"学习之星"的学生，可以得到一份奖励；凡是被评为"不文明学生"的学生，就要为班级做志愿服务活动。

（3）制定目标，奋力前进。在人生奋斗的路上，除了需要有外在的动力，更重要的是内在动力。人生如果没有目标，那跟咸鱼有什么区别？所以我引导学生结合班级和个人的实际情况，分别制定班级和个人的远期目标、中期目标和近期目标。从此以后，目标就是他们前进的动力和前行的方向。

（四）构建班级精神文化，"促一促"班级凝聚力形成

班级精神文化是班级文化的核心与灵魂。在班级精神文化的构建中，我注重引导学生设计班旗、班歌、班徽等班级文化元素。作为班级特色的标志，它们有助于学生对班级产生认同感和自豪感。

精诚所至，金石为开。经过半个学期的教育引导，这个被同事开玩笑说是"兽性"很强且爱"作秀"的班级，终于被我这个"驯兽师"降伏。在第九周学校班风评比中，我们班终于第一次评上了"标兵班"。评上"标兵班"对我们来说实属不易，我和学生为之奋斗了半个学期。此后，我们班连续多次被评为学校的"标兵班"，并逐渐成为家长、老师和年级认证的"放心班"。最终的收获更加喜人，我们班的期末考试综合排

名为年级第一名,并被评为学校"先进班集体"。

从以上描述中,大家可以看到这个班级逆袭的主要方法是充分利用学生的特点,顺势而为地治理班级。但是,如果仅仅依靠这么一点办法就能带好一个班级的话,那么应该就没有难搞的问题班级了。一个优秀的班级,在大家看不到的地方,应该还有许多感人的故事、许多人与人之间征服与被征服的较量。

班级管理千头万绪,凝聚了班主任多少智慧与技术,挥洒了班主任多少泪水与汗水。最后,我想借用我们班最难缠的学生小陈(化名)所写的总结作为见证:"爱姐(学生都这样称呼我),我从来没有想过自己会收起张狂,磨平棱角,低调做人。以前,在所有同学和老师的眼里,我是一个'混世魔王',我也活成了他们眼里的样子。而您从来都把我当作正常的学生来教导,最终我也活成了您心中的样子。教我们班应该很难过吧,但是您从来没有放弃过我们,更没有放弃我。在我们班从'魔王班'到'优秀班'的转变过程中,我不知道您经历了什么,我只看到您的脸上始终保持着微笑。谢谢您让我有了抬起头做人的感觉!"

是的,小陈说得不错,为了让学生得到更好的教育,我不得不花费比别人更多的时间和心思。我自动缩短了饭后闲谈的时间,经常在晚上7点学生自修安静之后才离开学校,30分钟后又回到学校;当学生的成绩没有达到预期的目标时,我也受到了对我的教育能力的质疑;我还失去了许多陪伴自己孩子成长的时间。但是我并没有后悔,因为这是我自愿的。我虽然失去了很多,但是我也收获了别人所没有的东西。例如,我收获了学生的认可与爱戴,与学生共创了专属我们的高光时刻,我的孩子养成了良好的学习习惯和独立的人格,我的专业得到了很好的发展。

附:"守规·修身,我的责任"班会活动课教案设计。

守规·修身,我的责任

【课程背景】

本班学生是高一新生。入学第二周,学生虽然已经学习了学校的各种规章制度和班级公约,但是尚不熟悉,也不了解,仍然有不少学生违反各项纪律,所以有必要增强学生遵纪守法的意识,让学生具有跳出问题看问题的能力,在日后能自觉地把遵纪守法与修身养性、责任担当等更高层次的修为关联起来,让学生一进入高中就深刻地理解周恩来总理"为中华之崛起而读书"的忧国忧民的情怀。

第一章 许给学生一个舒心的开学季

【教学目标】

（1）通过热身活动，消除学生之间的陌生感，提高学生参与课程的积极性。

（2）通过活动体验，让学生明白遵纪守法的重要性和必要性，在日常的学习与生活中自主养成遵纪守法的好习惯。

（3）在活动体验之后，让学生学会反思，在反思中提升思辨的能力，从而树立更"高大上"的人生目标。

【教学重难点】

通过活动体验，让学生真正理解守纪与修身的关系。

【课前准备】

本次上课需要在运动场和教室两个场所切换进行。

【教学流程】

1. 活动导入：热身活动——举起双手向后（前）仰

活动目标：让学生通过举起双手向前或向后仰，体验到不一样的感受，从而了解顺势而为与逆向为之哪一个更容易。

活动规则：把全班学生分为两组，一组在自己的前方高举双手，另一组在自己的头后方直举双手并让身体向后仰，看哪一组举的时间长。

感悟分享：哪种动作最舒服、持续时间最长？为什么？

2. 设想体验：不一样的走路方式、不一样的历程

活动目标：让学生到运动场分组体验以不一样的走路方式到达终点的时间和难度，体会其中的差异。

活动规则：全班分成10个小组，每组6个人，分别绕着运动场走一圈，体验6种不一样的走路方式：一组跑步，一组正常行走，一组倒着走路，一组双手双脚同时着地走路，一组背人走路，一组"两人三足"。

3. 思考讨论：在思考中明理

活动目标：让学生在体验之后再讨论，通过讨论进一步明确不一样的走路方式使得成功的难度完全不一样。

讨论问题：

①哪一组的走路方式最容易、持续时间最长？

②如果把各种走路方式与高考目标、人生目标相结合、相匹配，你认为哪一种最能实现自己的人生目标？为什么？

③如果一个人经常做一些违背规律或违反规则的事，会造成什么

后果？

4. 价值引领：给学生输入正确的价值观

活动目标：对学生进行必要的价值观引领，让学生通过观看视频进一步明白遵守规矩与不遵守规矩的结果，明白遵守规矩是人生修养的重要组成部分。

（1）观看视频。

视频一：《非诚勿扰》女嘉宾不遵守规则被赶下台，当场换人！

视频二：撒贝宁发飙！训斥选手：不遵守规则。

视频三：遵守规则的姐弟俩。

（2）学生宣誓：我会严格要求自己，遵守每一项纪律，用心做好每一件事；我是一名有担当的学生，我要成就优秀的自己，我要对祖国、对社会、对家庭、对学校、对班级、对同学负责！

（3）请学生谈谈自己的感悟。

5. 延伸活动：制定班规——让班规常伴我左右

活动目标：通过一系列体验活动和价值引领，加深学生对校纪校规的重要性和制定班规的必要性的理解。课后延伸活动的作业就是让学生针对本班存在的问题制定班规。

第二章

许给学生一种有灵魂的教育

什么是班级？你们喜欢什么样的班级？每次担任一个新班级的班主任，我都会问学生同样的问题。学生的回答各式各样，但是他们内心都渴望突破传统，都希望给自己的学习生涯留下不一样的回忆。我想，真正的教育应该是有灵魂的教育，让学生在成长中破茧成蝶，成就不一样的自己。

第二章 许给学生一种有灵魂的教育

三个危机事件成就了艺术班

三年前，在新学期开学一个多月后，学校决定高一年级重新组建一个艺术班。让谁来当这个班的班主任呢？一听说是艺术班，还是前所未有的集合美术生、音乐生和舞蹈生的班级，大家都不由自主地往后退。为什么会这样呢？众所周知，我们学校艺术班的学生基本上成绩不好、纪律性差、自我约束力弱，班主任每天都有处理不完的问题。这个班还是三种"麻烦"的结合体，难度岂不是增加了三倍？况且艺术班的班主任往常每月领取的班级奖励基本上是全校最少的。所以无论是从耗费的精力、教育效果还是从经济利益上来衡量，做艺术班的班主任都是亏本的买卖。到此，大家能够理解为什么没有人愿意接这个吃力不讨好的烫手山芋了吧。

我暗暗庆幸这个班的班主任不是我，因为我已经是高一某个班的班主任啦！然而我的小确幸没有持续多久，学校就单方面宣布：分解我原来的班级，由我担任艺术班的班主任。这是什么操作？"人为刀俎，我为鱼肉"，我只能大声悲叹：真是计划赶不上变化！我暗自怜悯自己，为接了这个烫手山芋而瑟瑟发抖。

10月底，这个烫手山芋在众人"不怀好意"的眼神中送到了我的手中。第一次担任艺术班的班主任，我有过一丝的担心、焦虑，但是对艺术班的新鲜感和征服欲很快就占据了我的内心，我竟然有一点喜悦感。

教育的本质在于改变学生，让每个学生成为更好的自己。每个人在不同阶段都会遭遇不同的困境，当徘徊在某个阶段尚无能力突破、内动力不足时，我们会表现出颓废、害怕、无助、失望等状态。但是我相信，每个学生的心里都有一颗需要破土的种子，身上都有一种向上的张力。对于遭遇困境的学生，只要我们更加细心地呵护他们，帮助他们强化外驱力，这颗种子在将来一定会顺利成长，甚至开出绚丽多彩的花朵。

所谓知己知彼，百战百胜，在帮助学生改变自己之前，我们需要充分了解他们，再为他们做一份周详的实施计划。

经过一周的观察，我只收集到了学生的问题，还真是没有发现他们身上有任何优点。

班级存在的问题如下：上课时没有一刻安静，也没有一个专心听课的学生；课间没有一个不追逐打闹的学生；地面上没有一块干净的地方，到处都是纸屑和铅笔屑；教室里没有一张桌子是整齐的，都是东倒西歪的；教室里充满了辣条的味道和手机游戏里传来的小小欢笑声……

对于这么多的问题，班主任如果只是采取"手痛医手、头痛医头、脚痛医脚"的办法，那么就永远有处理不完的问题。我该从何做起？我该怎么办？

教育有法，教无定法；世上本没有最好的办法，只有最合适的办法。"罗森塔尔效应"告诉我们，纵使是破罐子破摔的学生，只要真诚地给予他们美好的期待和有效的帮助，他们最终会变成我们所期待的样子。同时，一切教育的危机也都可以成为教育的契机，所以我决定利用发生在学生身上的危机事件，将其转化为我和学生之间的美丽故事。

一、不拼怎么知道会不会赢

终于，在组建好班级一周后，我们立即迎来了第一个危机事件——学校举行高一新生杯男子篮球比赛，我们班的学生根本没有赢的信心，同学们谁也不信任谁。

从篮球赛的报名情况来看，我终于发现了我们班的两个优点：男生参加篮球赛的积极性很高，有几个男生篮球打得特别好；女生做啦啦队的热情更高，个个都抢着去做。但是问题也不少，例如：我们班的学生由于来自全级25个班，学生之间不熟悉，每个人都很有个性，谁也不服谁；班级凝聚力尚未形成，队员中没有核心领导人物，他们因害怕失败而不想参赛。对团队作战项目来说，没有核心人物和凝聚力是大忌讳。或许，我可以临时安排一个核心领导人物，但这是男子汉之间的较量，他们的自信心需要从作战中获得，领导者需要在作战中产生。

球赛开始了，我不懂得指挥他们作战，唯一能做的就是从始至终陪伴他们，为他们加油、呐喊、鼓气。为了表示自己的诚意，我还在物质上对球员们做出承诺：只要打赢比赛，老师就包下他们当晚的晚饭，而且任他们点餐！估计他们应该极少遇到像我这样大方的"傻"班主任吧，所以他们都想得到我的犒劳，每一场都很拼。就这样，学生们带着壮士断臂般不服输的精神，一直打进半决赛，最终赢得了第三名。

每个学生在赛场上都是意气风发的样子，他们技术娴熟、眼神坚定、内心自信。是谁说他们不行的？我内心感慨万分。好在我没有放弃他们，他们在某些方面也是"别人家的孩子"呀!

我万万没有想到是这个结果,这对全班学生来说真是一件鼓舞人心的大快事。我们班在参赛的过程中获得了很多东西,例如不可多得的表彰、师生之间的信任、同学之间的合作、班级凝聚力,更重要的是赢得了一次证明自己能力的机会。

大赛结束后,我立即为凯旋的英雄们组织了一个简短的庆祝会,并狠狠地表扬了他们,引导他们总结取胜的法宝。我想,每一次经历都要留下思考的痕迹,这才是真正的收获与成长。成长需要付出代价,成长需要耐心,成长也需要经历一次次挫折和一次次成功。

二、体验当"公司"老板

12月,我们班迎来了第二个危机事件——学校举行义卖活动,我们班没人肯摆摊。

我们班的学生都是吃货,一听说学校举行的义卖活动有美食售卖,个个都摩拳擦掌地准备大吃一顿,却没有学生愿意摆摊,都说"凭什么给别人赚钱"。学生的这种想法是可以理解的,能够读艺术班的学生家庭条件都比较好,所以他们从小娇生惯养,自私、自利、自我可能就是最适合他们的标签。但是,这是一次让学生在校园内体验生活的好机会,也是培养他们沟通能力、互助合作能力、解决问题能力、管理能力以及创新能力的好时机,更是让他们发现自我优点、树立自信、行善助人的好时机,我岂能错过这样的育人机会?

孩子们,遇上像我这样喜欢"搞事情"的班主任,你们就认了吧。

认准机会之后,我每天给学生"洗脑",不断地宣传经商有多好玩、多刺激,做老板有多牛、多厉害。就这样,在我的三寸不烂之舌的连哄带骗的攻势下,全班学生都向我投诚。

说服学生之后,我立即引导他们分组成立"公司",并要求每家"公司"起草一个经营方案。最终,学生经过一周的商量、磨合之后,成立了8家"公司"。

为了让学生真实地体验经商,理解父母赚钱之不易,我向各家"公司"提出如下要求:①每个"公司"都要有一个响亮的名字;②每个人都要有明确的分工;③每个"公司"都要在一周内上交一份详尽的经营计划;④做好"公司"的营业宣传;⑤做好营业前的各项准备工作和活动后的卫生清洁工作等。

为了规范学生的活动，我收集了各小组的计划，起草了一个班级义卖活动的指导方案。（详见本篇末尾）

12月初，义卖活动终于如期而至。我们班各家"公司"经营的商品琳琅满目，既有学生爱吃的奶茶、蛋挞、凉粉、劲辣鸡爪等，也有学生的画作以及手工艺品，应有尽有，吸引了不少顾客驻足并消费，真是人山人海！

由于各"公司"都提前做好了经营计划，所以各"公司"在经营时都非常顺利和有条不紊，特别在遇到突发状况时，学生更表现出不一般的谋略，例如对断货追货处理、商品滞销处理等，学生都有一套应对的策略。班主任在干吗呢？我也是很忙的，一是试吃，一是帮助他们找零钱。盘点营业情况后发现，我们班成为全校营业额和赚钱最多的班级。

遭遇义卖活动的危机时，我没有对学生进行说教，也没有给他们讲德育。但是，只要我们好好把握机会，德育是无处不在的。好的教育就应该这样：没有说教，但是经历一些事情后，学生能在一夜之间长大；学生不明事理，班主任可以带他们一起体验，发挥言传身教的作用。

三、神奇的课间操比赛

第三个危机事件是年级举行课间操比赛，而我在赛前要外出学习一周。

年级领导星期三宣布将于两周后举行课间操比赛。在正常情况下，距离比赛还有两周时间，抓紧时间训练是没有问题的。但是我要外出学习一周，回来后只有两天时间训练。怎么办？

可能有人认为，这样的比赛并不重要，没有获奖就没有获奖，为什么要这么紧张呢？是的，对一般学习竞争力强的班级而言，除了这个比赛，还有很多获奖机会。但是我们班不一样，学生在学习上总是落后，纪律又散漫，平时很少被学校表扬、肯定，所以学生不自信，也没有前行的驱动力。这样的孩子如果长期得不到肯定，很可能会自暴自弃。因此，我觉得一切能够证明他们的能力或者刷他们存在感的活动都是重要的。无论多难，我都要带领学生抓住这个难得的机会。

学生是班集体的主人，班主任只是引领者。班级的所有活动，我都尊重学生的知情权和选择权，与学生共同商量之后再做决策。

第二章　许给学生一种有灵魂的教育

　　为了更有效地解决这个大难题，我向学生提出了几个问题，由他们选择并对自己的选择负责。第一个问题：我要外出学习一周，当班主任不在学校时，大家是否组织训练？学生说：不训练，没有人能够降伏全班学生。第二个问题：班主任外出之前还有星期三、星期四的晚上可以训练，练还是不练？学生说：不练，就算训练了，一周后也全都忘记了。第三个问题：体育教练只是给我们培训两名领操员，由领操员操练大家，大家服不服从？学生说：没有问题。第四个问题：星期三晚上进行比赛，班主任回来之后只有星期一、星期二的晚上可以训练，你们确定可以应付比赛？学生见我这么好说话，开心地说：能。既然学生这么愉快地决定了，我也要刷一刷班主任的存在感。我向学生提出两个要求：第一，班主任回来之后的训练时间和训练强度由班主任来决定；第二，比赛必须获奖（22个班参加比赛，奖励18个班）。学生爽快地承诺：保证完成任务。

　　其实，我对学生的承诺是没有信心的，因为平时做课间操时，我们班是最差的，还经常受到批评。但是学生说的也是实情，我不在学校，他们训练也是在玩闹。我只能放手一搏了。

　　一周后，我如期归来。我当时想得最多的一个问题就是：只有两个晚上可以训练，怎样才能改变我们班垫底的命运呢？后来转念一想，我们班的课间操已经是最差的了，我们只要干掉四个班就可以获奖，值得一搏。我先给自己壮壮胆，再给学生洗洗脑，然后再行动。

　　在正式训练之前，我与学生之间进行了一番鼓劲式的对话。

　　老师：同学们，我们遇到了一个极限挑战，只有两个晚上可以训练课间操，我们要完成战胜四个班级的任务，你们敢不敢接受挑战？（说明这不是班主任一人之事，而是我们大家共同的事情，以激起学生的挑战欲望）

　　学生毫不犹豫地说：敢。（学生回答"敢"，不能说明他们有信心能赢，只是逆反心理或者不服输的精神作怪罢了）

　　老师：很好！但是我们的基础很差，只有两位舞蹈生跟体育老师学过，动作比较规范。如果要赢四个班，我们需要付出很大的代价，你们有没有对策？（引导学生回到实际问题上来，思考对策，同时树立两位领操员的威信）

　　学生七嘴八舌地议论：认真一点，不说话，不开小差，听领操员的话……（此番议论没有得出可行性建议）

　　老师：大家这种积极参与的态度非常好，认真是做好一件事的重要元素。既然大家说了自己的看法，我也有一个建议，那就是把全班分为两组，分别由两个领操员带领，实行分组负责制，排练不好的小组要加班加点训练。这样的建议如何？（先认同并表扬学生的表现，再用商量的口吻说出自己的建议，这是对学生的尊重，也是赢得学生认同的做法；通过分组负责制和比赛方式激发他们的战斗力）

学生：好哇。

就这样，从对话开始，以训练为考验，我们一起开始了第一晚的训练。

学生的口号是响亮的，刚开始也是很积极的，但是一节课之后，他们立即原形毕露，行动懒散了起来。按照这种状态进行训练，不用说，我们班只能是最后一名。

该怎么办？我细细分析了情形，发现学生的底子太差了，一个领操员带不了30多个人，如果继续这样下去的话，只会浪费时间且没有效果，所以必须调整训练策略。我立即按照时间节点宣布新的任务：①第二节课，培训新组长，由两位领操员培训8名做得较好的学生，让他们成为新组长；②第三节课，全班分为10个小组进行训练，每组6～7人；③自修后，初步检验训练效果；④第二天白天，各人利用课间时间自行训练；⑤第二天晚上，实行组长负责制，分组训练两节自修，第三节自修分组进行表演；⑥表演动作不过关的小组推迟放学，直到每人过关才解散；⑦比赛当天，全班整体训练进场和退场。

任务分解之后，学生似乎看到了希望，纷纷表示支持并帮助组员把动作训练到位。

就这样，第一天晚上训练完毕之后，学生的动作虽然还是不整齐，但是他们好像有点信心了，大部分学生基本能跟上音乐节奏。

第二天晚上，学生按照原计划继续训练。为了矫正学生的动作，我亲自给他们分解动作，给他们分析团体赛的技巧。就这样，因为有一个明确的共同目标和得当的技术指导，学生的训练越来越顺，自信心越来越强。当看到有些班级训练了两周时间甚至还比不上我们班的时候，我想我们班荣获三等奖应该是没有问题的。

经过两个晚上的训练，我对学生的表现非常满意，这是我带班以来学生最认真应对的一件事情。从他们的表现来看，我觉得他们还可以做得更好。第三天白天，我又给了他们一个新的期待和信心：超越三等奖。我不敢说让他们赢得一等奖，因为一等奖只有两名。

第二章 许给学生一种有灵魂的教育

为了帮助学生实现新目标,我决定利用一节课修整一下动作,看还没有机会更进一步。但是学生的底子就这样,要想在动作上超越别班难度很大,于是我决定不整理动作,而整理队形队列和进退场的步伐。当看见学生的举手投足是那么的整齐,他们的精气神是那么的好,我对他们又有了更高的期待。

第三天晚上,比赛正式开始。我原来想着比赛开始之后,再让学生跟着音乐训练几遍。但是上苍总是考验我们,比赛前抽签,我们班竟然抽到第二个出场。好吧,接受吧,一切都是最好的安排!

当学生齐步走进比赛区,我听到全场响起了热烈的掌声,断断续续的掌声一直响到我们班退场。场外的学生观众一边鼓掌一边说:"不愧是爱姐的学生,做得真好!"那一刻,我幻想我们班或许有可能获得更高的名次。

经过紧张的角逐,大赛的结果即将公布。俗话说,有志者事竟成。我想我们班获奖肯定是没有问题的,但是万万没有想到,我们班竟然获得了一等奖,而且是第一名,把体育班的学生都给比下去了!

太神奇了,我和学生都有点不敢相信,我们只花了两个晚上的时间,而且是在没有体育教练的直接指导下获得的冠军!这个奖项也太刺激了吧,学生们都飘起来啦!

其他老师都说我们班太幸运了,把不可能变成了可能。是的,大家可以说我们很幸运,但是作为他们的班主任,我在整个过程中运用了"罗森塔尔效应"和"登门槛效应",学生是在老师的信任、期待和鼓励下一步一步地迈向成功的。

经过三个危机事件,我和学生的心走得更近了。这三个事件虽然不能让我的学生一下子变得优秀,但是他们在经历了一些事情之后得到了成长,有了进步。师生之间通过活动相互了解、相互理解、彼此欣赏,老师诚恳地接纳了学生的缺点,也认真地挖掘了他们的潜能,这便足矣。在帮助学生解决问题的过程中,我成为一个有思考力的班主任;当学生相信我能为他们解决问题时,他们成长为更好的自己。我爱我的学生,学生信任我,这便足矣!

每个学生都是成长中的个体,他们每天都在变化;班级是一个动态的集体,每天都有事情发生。对于发生在班级、学生身上的危机事件,我们很多时候只看到危机重重、问题多多、学生难教,但是我们忽视了任何事情都有两面性的道理。其实,只要我们肯想敢做,任何问题都可以有三个以上的解决方法，也一定可以找到合适的教育切入点，实施适合孩子成长的教育。

我看到"危"中有"机"，因此，我好好地把握它们，好好地利用它们，把它们巧妙地转化为我与学生之间的教育故事。

附：高一（6）班校园义卖活动指导方案。

高一（6）班校园义卖活动指导方案

1. **活动背景**

根据 12 月"体艺节"系列活动的统一安排，我校将于 12 月 8 日在校园内举办"赠人玫瑰，手留余香"主题校园义卖活动。

2. **活动目的**

丰富校园精神文化生活，增进学生之间的沟通与感情，增强班级凝聚力，使学生体会到助人的快乐。

3. **活动主题**

赠人玫瑰，助人自助。

4. **活动时间**

物资筹集、摆摊准备：12 月 8 日中午。

义卖时间：12 月 8 日下午 2:30—5:00。

5. **前期准备**

（1）提前一个星期收集、准备义卖物品，物品可以是学习用品、生活用品、自制手工艺品、装饰品、小食物等。收集完成后根据物品的具体情况定价，最后列出清单。

（2）每个参赛小组填写义卖活动实施方案表格，内容包括相关主题、义卖品、销售策略、滞销处理、活动结束后的清理等。

（3）义卖宣传：横幅和海报宣传等。

（4）12 月 8 日中午，按照分组安排进行桌椅搬运、商品搬运、摊位装饰及摆放、宣传布置，各小组做好分工安排，开始活动预热。

6. 活动内容

序号	义卖活动类别	参与人员	说明
1	素描绘画体验活动或者画像	要求没有参与具体活动的学生参与	自行准备画具，体验当老师的感觉，免费教学员；画像可以收费
2	现场乐器义演	姜先泽、敖一民、赵保森等	活跃氛围，自娱自乐
3	书画作品	梁志豪、吴劲霖、冯昌永、黄浩	自备作品
4	手工艺品	一组：伍秀苓 二组：梁紫欣 三组：钟俏雪	自备材料
5	烧烤、凉拌类小食品	一组：陈国豪、董华硕 二组：谭咏琳、甘雨翘、黎梓莹、李翠连、洪伟珉 三组：刘怡君、梁雅琼	自备材料
6	糖果类小食品	一组：李金蓉、钟俏雪、冯玉盈、黄彩琴 二组：李思怡 三组：李绮晴	自备材料
7	毛绒公仔	赵柯、黄保婷、刘曼妮、农宝瑜	自备材料
8	衣服	谢宜豆、张景豪	自备材料

7. **注意事项**

（1）请顾客填写好评表，最后根据得票多少，评选本班的"优秀老板"。

（2）义卖期间，每名团队成员要注意自己的言谈举止，保持友好的服务态度，礼貌待客，不能产生和顾客争执不下的现象。每组选一个人负责记录该小组出售的物品的数量和金额，活动结束后向班级生活委员上报经营总额，作为表彰"公司"的重要依据。

（3）听从指挥，维持现场秩序，切不可出现混乱，每名成员做好自己的本职工作。

（4）活动结束后，搞好卫生，摆放好所用工具，每人撰写500字以上的活动感悟。

（5）义卖活动所得的盈利捐给学校的助学资金会。

农村孩子可否放下手机，回头是岸

两年前，为了解更多的教育差异，更为了锻炼自己，我接受了组织的安排，到农村一所中学开始了挂职之旅。"没有调查，就没有发言权"，经过两年多的观察，我发现了许多农村教育与城市教育不一样的地方，这给了我不一样的教育思考。

随着"互联网+教育"时代的到来，教育越来越依赖互联网。农村的孩子和城市的孩子同样得到互联网的眷顾，他们都与网络有深度的接触。手机是孩子们上网的主要工具，也是他们每天亲密接触的"小伙伴"，而老师则成为那个每天跟手机抢人的人。为什么会这样呢？手机对农村学生的影响到底有多大？教育者应该如何创新办法来帮助学生放下手机？我在此提出相关的四个问题。

一、农村学生受手机困扰的现状如何？

在农村，为了生活的需要，很多家庭有一方甚至双方家长离乡背井外出打工，把孩子留给爷爷、奶奶带，很多孩子由此成为留守儿童。甚至还有个别学生父母离异，父母都离开家乡，孩子成为"孤家寡人"。迫于与孩子联系的需要，家长从孩子步入校门始就给他们买手机，也就是说，不少孩子从小学就开始独立支配手机。为了了解学生使用手机的情况，我曾向全校学生发出关于手机使用情况的网络问卷调查，收回1279份问卷，问卷回收率达78.37%。问卷结果表明：有870多名学生有手机，占比约68%；有近一半的学生每天玩手机的时间达2小时以上；34.1%的学生因为玩手机而成绩下降。八、九年级有10多名学生因为学习困难或者学校管理严格而不愿意读书，中途辍学。

二、互联网时代的学生现状如何？

"00后"学生出生于互联网时代，互联网为他们提供了丰富多彩的信息，他们被称为"网络原住民"、真实版的"宅男宅女"。什么是"网络原住民"呢？人们根据对互联网的依赖程度，把人群划分为四类：一类是"网络原住民"，他们生下来就不是伴随着报纸、广播、电视长大的，而是伴随着网络长大的。他们基本上是"90后""00后"，网络就像他们一个离不开的器官。第二类是"网络移民"，以"80后"为主。第三类是"网络观光客"，以"60后""70后"为主。第四类是"网络局外人"，他们缺乏上网的技术和条件，以老年人和落后地区的人为主。

初中生正处于身心成长的"暴风骤雨期"，身心发展变化大，成人感加强，求知欲增强，逆反心理增强，好动、冲动，再加上他们生活在变化万千的信息时代，信息来源丰富，信息量大。家长如果不能很好地监管或者引导孩子，那么手机就很容易把学生控制住。

有人曾说：要想害孩子，就给他一台手机。我虽然不是很认同这句话，但是看到孩子们本处于活蹦乱跳的年龄，却总是宅在家里不外出、不运动，本应该有着天真烂漫的纯洁眼神，却因沉迷手游的"沙场杀戮"而满布血丝，我不得不相信，孩子如果不恰当地使用手机，他们将会是被毁掉的一代。

三、农村的师资现状如何？

我所在的学校是一所乡镇初级中学，老师的平均年龄已达46岁。据不完全统计，学校近五年将有近30名教师退休。近几年，学校只进了一名新教师。

农村教师的教育理念、教育方法如何呢？近几年，国家加大了对农村学校的投入，农村学校的硬件设施得到了很大的改善，每一个教室都有多媒体教学设备，但是很多50岁以上的教师支配不了多媒体设备，他们还是依靠传统的"一支粉笔，三尺讲台"的教学方式。每年能够外出培训的教师少之又少，所以农村教师的教育理念和教育方法比较落后。

我们学校就是一个活生生的"更年期"教师与"青春逆反期"学生"相爱相杀"的典型学校。当这样的现实状况不能一下子改变时，当"网络观光客"老师与"网络原住民"学生总是不期而遇时，教育凭借"旧船票"还能顺利地登上新新人类的"渡轮"吗？当校园欺凌、抑郁自残、自杀、沉迷手机等现象出现于校园时，残酷的事实告诉我们，简单、直接、粗暴的教育方法已经过时，学生不再那么容易信服老师了。

其实，这些现象不是一所农村学校的特有现象，而是本地区农村学校的普遍现状。试问，当"00后""网络原住民"遇上"60后""70后""网络观光客"时，他们怎么互相理解？怎能不"相爱相杀"？

如何安抚学生浮躁的内心？如何让教育顺利实现"软着陆"？这是农村学校教育目前所面临的共同问题。

四、农村孩子能否放下手机，回归正常的学习与生活？

我们知道，要改变"00后"学生的宅家行为是不能一蹴而就的，学校、老师、家庭以及社会都有着不可推卸的责任。改变一所学校的现状不是一朝一夕的事情，改变一批老师的思维不可能立行立改，改变全体家长的做法不会顺顺利利，改变所有学生的行为不可能一蹴而就。教育需要讲智慧、讲策略和讲方法。

陶行知先生曾说过，思想决定行动，行动养成习惯，习惯形成品质，品质决定命运。传统的说教已经不合时宜，我们决定探索活动体验式德育，增强学生的体验感和价值感，同时挖掘学生的潜能，激发和拓展学生的兴趣爱好，引导这些宅家的"网络原住民"从关注手游到发现活在当下之美。为此，学校开展了如下特色活动：

（1）营造书香班级环境，增强学生的感官体验感。"书香致远，墨卷至恒。"教室是学生学习的重要场所，也是学生待得最多的地方。为营造学生喜欢的读书氛围，每学期开学初，我们都开展"最美班级"评比和"流动书吧"活动，通过这些活动营造一种"以书为伴，手机放一放；以书为友，手游晾一晾"的班级氛围，让学生自主地沉浸在"书海"中，并在潜移默化中成为"腹有诗书气自华"的人。

（2）创设"动如脱兔，静如处子"的活动育人模式。初中生处于心理逆反期，个性好动，身心发展快速，成人感增强，对老师的说教伎俩早已滚瓜烂熟，在心理上是抵制和否定说教的。如果老师一味地坚持说教，那么教育必然碰壁。学校教育如何才能跟上学生的节奏呢？基于对学生的了解，我们决定开展丰富多彩的德育活动，通过德育活动帮助学生排解压力、激发活力、找回自信。学校创建了各种各样的社团，比如机器人、足球、篮球、书法、绘画、摄影、演讲等社团；举行了系列主题活动，比如心理健康活动月、体艺文化节、征文比赛、演讲比赛、足球联赛等系列活动；开展了系列校外实践活动，比如校内外志愿服务、研学旅行、劳动体验教育、寒暑假社会实践等活动。

经过一个学期的活动体验式德育试验，学生变了，越来越多的学生放下手机，告别手游，他们的身上散发着阳光和自信的气息，他们的眼里充满着灵气和活力。为了跟上时代的步伐，"60后""70后"老师改变思维，不再拒绝新事物，主动学习多媒体，主动了解当下学生最喜欢玩的事物，主动融入学生的学习与生活中。

通过试验，我们知道，无论是城市的孩子还是农村的孩子，无论是学校还是家庭，教育者只要不放弃、不抛弃孩子，用心对待每一个孩子，孩子就会有所改变、有所进步。

"网络原住民"的教育还在继续，他们仍然是今后主要的教育对象，还会发生更多的变化，还会有更多的试错体验，但这不是他们的问题，这是时代进步的特点。所以作为教育者，我们不要害怕变化，更不要拒绝变化，而应该靠近学生，接触学生，了解并理解他们，改变对他们的看法和教法。

第二章　许给学生一种有灵魂的教育

让感恩之心在课程化教育中生根

古语有云，"投我以桃，报之以李""滴水之恩，当涌泉相报"，说的是一种知遇之恩、养育之恩、提携之恩与救命之恩。儒家文化的"仁义礼智信，温良恭俭让"其实也包含着感恩的情结。这些良好的道德文化传承了几千年，推动了人类文明的发展。

高中阶段是学生思想品德塑造、三观形成的重要阶段，也是学生从感性走向理性的节骨眼，因此在此阶段对学生进行感恩教育尤其重要。

在实施感恩教育之前，我对学生进行了问卷调查。调查结果反映出学生的感恩意识相当缺乏，独生子女自私自利的个性表露无遗，生生间的矛盾以及师生间、亲子间的隔阂时常发生。很多学生心中只有自己，只知道"我该怎么样""我要什么"，从来不顾他人的需要和感受，不理解他人的艰辛和困难，这是感恩意识和责任心缺乏的表现。感恩绝不是简单回报父母的养育之恩，它更是一种责任意识、自立意识、自尊意识和健全人格的体现。感恩教育也不是一两节课、一两个主题的教育，而是一系列的主题课程教育。

开发感恩教育课程，重点在于培养学生的感恩意识和责任感。人的感恩意识并非与生俱来，而需要教育的引导和环境的影响，通过教育促使教育对象形成一种感恩的心态、品质和责任，做到内塑于心，进而外化于行。

对学生进行感恩教育是一个长期的过程，感恩课程体系开发也是一个较长的过程，不可一蹴而就。为了推动感恩课程的开发和实施，我在开学初就拟定好授课时间、授课形式以及课程内容等，并逐渐推行和总结。

一是确定授课时间。授课时间定为每个星期天晚上，即学生返校的时间。

二是确定授课形式。授课形式主要包括主题班会课、主题教育活动以及活动体验课等。通过主题班会课实施感恩教育，培育学生的感恩意识；通过主题教育活动感受感恩教育，感悟社会责任感；通过活动体验课践行感恩教育，回报社会。

三是确定课程开发形式。结合学生的实际情况，我们班的课程开发以课程新编为主。课程新编就是通过主题班会课和活动体验课来汇编课程,让课程更具有个性、实效性和创新性。

四是确定课程内容。课程内容不在于多,而在于精,在于容易实施,所以我主要开发了感恩故事经典诵读系列、感恩主题班会课系列以及感恩主题教育活动系列等。

(1)感恩故事经典诵读系列。我们初步编撰了文字性的感恩故事系列,分为"感恩师长""感恩同伴"和"感恩社会"三类,主要包括《尊师重道,立雪程门》《魏昭尊师重道终成大器》《孟郊的慈母之恩》《结草与衔环的古代报恩传说》《子路借米孝敬父母》《包拯辞官侍母》《黄香为父暖被》《周恩来怀念两个母亲》《陈毅为老母洗屎尿裤》《毛泽东对母亲的感情很深》《朱德著文忆母亲》《邓小平赡养继母》《冯玉祥的"悼母诗"》《华罗庚成名不忘师恩》《李宗仁尊师若父》《韩信的一饭千金》《一杯牛奶》《美国罗斯福总统的感恩》《别忘感恩》等经典故事。

(2)感恩主题班会课系列。分为"感恩师长""感恩同伴"和"感恩社会"三类。例如:"感恩师长"的主题班会课包括"说说我的父母""走近父母——珍惜亲情""感恩父母——拥抱亲情""感恩有你,伴我成长之师长""成长中,你就是我前行的动力""讲讲我的老师""爱父母,学会感恩"等;"感恩同伴"的主题班会课包括"感恩同伴,给我力量""感恩有你,伴我成长之同学""同志同道""感激进退有你"等;"感恩社会"的主题班会课包括"我为人人,人人为我""学校(班级)是我家,责任在大家""滴水之恩""和谐邻里""我为和谐社会做点事""学会感恩,回报社会"等。

(3)感恩主题教育活动系列。感恩教育是一种情感活动,实施感恩教育要动之以情,以情感人。感恩主题教育活动包括感恩宣言、感恩演讲、感恩征文、写感恩信、"我为他人做点事"、感恩之星评比等。通过一系列活动引发学生的共鸣,激发学生的感恩之情。

实践证明,我们班的感恩教育系列活动效果明显。很多家长在收到学生的感恩信后纷纷说:这是第一次收到孩子的信件,孩子能够主动为家长做一些事情,懂事多了。班级的感恩教育开展得真是及时而有效。关于"我为他人做点事"主题活动,我们已经开展了"我为父母做点事""我为老师做点事""我为同学(朋友)做点事"和"我为社会做点事"系列活动。在活动中,学生的感恩从内在的情感逐渐转化为外在的行动,从外界的强求转化为内心的自觉。

第二章　许给学生一种有灵魂的教育

感恩教育课程体系的开发，参与的主体是学生，也涉及老师、家长等，作用非常广泛。

在开发课程的过程中，老师是开发的主体和主导者。老师首先要思考学生存在的问题，然后想办法解决问题，由此老师的思考能力、解决问题能力、归纳能力、创新能力等得到提升。

在课程实施过程中，学生是参与的主体。感恩教育是一个由外烁到内省的反思过程，学生在活动中体验感悟，升华情感；感恩教育引导学生自觉养成感恩的意识，做出感恩的行动；感恩教育培养了学生的感恩情怀和社会责任感，让学生知恩、感恩，从而发自内心地报恩，增强学生的责任意识，使之形成健全的人格。

家长是课程开发的参与者。通过活动，增进家长对孩子的了解和理解，有利于改善亲子关系。

所有的教育初衷都是美好和值得期待的，所有的教育过程都是烦琐而辛苦的，所有的教育收获都是实在和有价值的。学生高三毕业了，他们约好要给班主任留下一些回忆，于是在学生毕业前夕，我收到了他们留给我的最珍贵的礼物——高中毕业感言。

下面，我择选一部分学生的感言与大家共享：

亲爱的爱姐：高三即将过去，不知不觉您已经陪我们走过了两年半的高中时光。在这期间，您总是尽心尽力地教导我们，您用您的行动给我们做了最好的榜样。您知道吗？每一次看到您忙碌的身影、下班后仍在办公室工作的身影、对每件事认真细致的态度，真的比看一万本心灵鸡汤的书都有用。我每次厌了、烦了的时候，一看到您，我就浑身充满斗志，充满正能量。您真的是我读书以来见过的最勤劳的老师！还有，我是那种不怎么会说话，不懂得与别人交往的人。但第一次见到您，我就有一种莫名的亲切感。在您面前，我心里的那道防线早已不在，心中的想法、压力、烦恼，以及一些难以启齿的事情，在您面前总能轻松地道出来，就像积压在心里的垃圾被清除出来了，那种感觉真好！爱姐，真的谢谢您！千言万语涌上心头，但最想说的是：高中有您，真好！

——何月华

还记得第一次见到您是在开女生会议的那个晚上，我对您的第一印象并不是很好，认为您有点严肃。还记得第二次见到您是在晚自修时，我们班因纪律太差、说话声太大而被您骂了，我对您的印象更差了，我不喜欢这样的老师。分班后，当您走进新班级的那一刻，我的心跌入了谷底。刚开始时，我很排斥您，也许是印象不好的缘故。可是，慢慢地相处下来，不知从何时起，我开始喜欢上您这个表面凶，却待学生极好的可爱的女人。渐渐地，似乎连我自己都没发现，我会笑着和您开玩笑，有什么事情都跟您说，以至于形成了"有事情就找爱姐"的习惯。后来，我才觉悟，遇见您，我是多么的幸运！

我们是风筝，您是吹着我们飞向更辽阔天空的风；我们是刚钻出地面的青草，您是润物细无声地给予我们营养的阳光雨露。风筝有风，飞得更高；我们有您，走得更远。很感谢您在这两年多的时间里一直充当着我们的保护伞，为我们挡下风雨，我永远也不会忘记我们在一起的那些日子。高中这一路上，有您，真好！祝工作顺利，永远年轻！

——林凯旋

爱姐：可能是注定的相遇，我爸说我当时已被广雅中学择校录取（学费已交），二中的通知书我也拿到手了，但是我还是想去一中读书。于是，我们便相遇了。在你教导的两年多的时间里，我从开始对你的不理解，再到如今的敬佩，你对我来说亦师亦友。你总是充当我们的保护伞，这让我感到十分亲切。你雷厉风行的行事方式和公平对待每一个学生的做法，十分符合我的胃口（本人也是如此真诚之人）。言出必行是你的座右铭，获得"工作狂"称号更是你尽职的体现。我永远也无法忘记你的教导，你待生如友，你的许多做法是很多老师都无法做到的。我对历史的兴趣，可以说是被你逼出来的。要使学生对一个科目感兴趣，老师起着至关重要的作用。你的教学方式深受我的喜爱。你待人温和，总是对我们面露笑容，与我们打成一片，相信我们班的同学们早已对你敬佩不已，我亦是如此。我相信我们的师生情谊不会断绝，而会随着时间的发酵越发香醇。祝事业顺利，身体健康！

——李晓东

最亲爱的爱姐：因为觉得和你很亲近，所以我就不用敬称"您"来称呼你啦！你是第一位和我走过两年半的老师，其实也差不多三年了。三年里我见过你严肃的样子，见过你训斥学生的样子，见过你教导我们的样子，但是令我印象深刻的还是你露出牙齿微笑的样子。你与其他老师不一

第二章　许给学生一种有灵魂的教育

样,会跟我们开玩笑,会和同学们拌嘴。在我们不听话的时候,你没有开口骂我们,而是平静地、慢慢地给我们讲道理,让我们自己反省。你不会放弃任何一个学生,不管他成绩有多不好;你做事公平公正,就事论事,不会因为一件不好的事而全盘否定一个学生,既看到学生的优点,也看到学生的缺点。我在你身上学到的对我最有益的就是换位思考,学会替别人着想。希望下一次见面时你还是可爱的、笑容满面的爱姐。祝工作顺利,家庭幸福,桃李满天下。

——陈泳如

亲爱的爱姐:临近毕业了,最舍不得的老师有两人,其中一个就是您,您就像我的长辈。高二的时候,我因为带手机进入考场而被抓。每一个关心我的人都在骂我,说我不争气,而您不仅没有骂我,还在一旁开导我。您的话,让我泪流不止。我很幸运,在我最无助的时候,有您的开导。您一直以充满正能量的形象出现在我们面前,把不开心的、烦恼的事情都埋在心里:在您身上,我看到的总是热情;在您脸上,我看到的总是微笑。您的热情和微笑让我们在苦闷的高中生活中看到希望。在您身上,我总能学到很多好的品质,比如认真、专注、热情、爱笑。我不仅要把您教给我们的知识带到大学,更要把您的精神传承下去。

天下没有不散的宴席,您也送走过一批又一批的爱徒。您陪着我们走过高中三年,伴着我们走过青葱的岁月,见证了我们的成长,目睹了我们从"丑小鸭"化为"白天鹅"的过程。我们只是您人生的过客,而您却是我们终身的精神领袖。最后,祝桃李满天下的爱姐,年年十八,工作顺心,身体健康。

——卢宣羽

爱姐:很早就知道您是一个很严格的老师,我一开始对您的印象并不好,所以分班时一直祈祷不要分到您的班。哈哈,很搞笑,偏偏分到了。说真的,我当时很沮丧,但是慢慢熟悉后又觉得您很有趣、很可爱。您是那种凶起来威震四方、笑起来十分暖心的人。于是,我慢慢地喜欢上当您的学生。您陪着我们走过了两年半的时间,不短也不长,却足以让我们记住一辈子。每次从别人口中得知您家里发生不好的事情,我都会十分难过,但是您每一次出现在我们面前,都总是一副很开心的样子。您知道吗?您越是这样,我们就越心疼,所以希望您以后也多和我们说说您的不开心和不如意。我们现在虽然没有能力帮助您,但是我们一定会尽力。爱您哦,爱姐。

——谢嘉怡

爱姐:很庆幸,在高中这个灿烂的青春时期遇见了你,你就如我们的知心姐姐,给迷茫时的我们指引方向,在我们困惑时替我们解答,在我们需要时你一直都在。爱姐,你的好,我一直都记着呢。真的很庆幸高中遇见了你!

——陈海琦

爱姐:很庆幸您教了我们班两年半,在这两年多的时间里,您一直陪伴着我们,与其说您是老师,不如说您更像我们的朋友。您既和蔼,也幽默。不管在课堂上还是课后,我们都可以有说有笑。您有温柔的一面,也有刚强的一面。您对待工作一丝不苟,总是花很多时间在工作上,上晚修总是直到下课的最后一刻才肯回家。爱姐,我想对您说,您认真工作的时候最美,但是也要注意身体,累了就要休息。虽然毕业了,但您仍然是我们的老师,感谢您一直以来的付出!

——李一玉

爱姐:两年半的高中时光,有你的陪伴和参与应该是我们最幸运的事了。前路漫漫,我却糊里糊涂的,但你从未放开过我们的手;路上跌跌撞撞,你也从未停止伴我们前行;前方狂风暴雨,你仍不顾一切为我们保驾护航。平常,你是我们心灵上的朋友;在课堂上,你是我们尊敬的历史老师;在生活中,你是我们的万能小助手。两年半的时间里,有了你的保护,前方的荆棘化为花瓣,前方的黑暗化为光明。在这漫长的人生里,唯有你分享我的青春岁月,安慰我的暮年时光。有你真好!

——林影羲

爱姐:在不知不觉中,你已经教了我三年。三年说长不长,说短也不短。三年以来,你对我的照顾和关心,我很感谢,这份恩师情谊我一直放在心里。在工作上,你是一个严厉的好领导;在私下,你是一个和蔼可亲、对每个学生都很关心的好老师。时间不多了,我们就要离开了,希望你在今后的日子里在教学方面更加出色,在生活中每天都开心、快乐,没

第二章　许给学生一种有灵魂的教育

有烦恼。恩师情谊，绝不忘记！

——陈明倩

爱姐：时光飞逝，从第一次听您做自我介绍至今，已过去两年半。如今临近毕业，心中有很多话想说，却无从说起。您是一个爱岗敬业、对工作负责的老师，同时也是一个体贴入微的长辈。虽然不想揭露这个事实，但我们叫您"爱姐"就是不想您老去，希望您永远年轻。我在您心中估计是一个让您操碎了心的学生。我无数次在课堂上睡觉，连续多次玩手机被抓，经常性迟到，但您从来没有放弃过我，您一次次地给我机会。谢谢您，爱姐！

——陈绪豪

爱姐敬知：闻汝之命，留言以资纪念。晃悟今日之时，佳期日近，吾竟未觉。寤寐辗转，思量往昔情景，泪湿衣襟。恩师护佑，舐犊之情，攀不敢忘却，徒心强难平。此去路远，前程难料，唯刻苦用功，方不负师之恩。祝心意欢畅，龙马精神。

——冯宝攀

亲爱的爱姐：感谢您为我写明信片哦！能成为您的学生，我觉得非常幸运！您是个非常有活力的女强人，从不把负面情绪带到课堂上。您说话时总是面带笑容，非常亲切，时不时还带点幽默，您的笑容让我觉得世上没有什么困难是无法战胜的。您处处为学生着想，谢谢您曾为我化解内心的矛盾，谢谢您为我们办的"女生节"。您为我们做的一切，我将永远牢记！

——黄志焕

爱姐：您就是我心中的"太阳女神"，您给我们班带来了很多的正能量。现在，随着高考的到来，我们的高中生活快要画上句号，分别的日子已经不远。短短两年半转瞬即逝，往日仍历历在目。您在我心中已从一个学校领导变成了亲密的朋友。作为您的科代表，爱姐，我尊敬的大 boss，谢谢您这两年半来的教导。师恩似海深，爱姐，我会永远记得您的。曲终人不散，人散情不断。您不要忘了我这个科代表哦！

——张雪

学生班主任班级管理模式之探索

"00后"新生代在互联网的影响和冲击下成长，他们的思维、行为都发生了很大的变化。面对这些变化，教师直呼"教了几十年书，自己不懂得如何做教师"。原来"一支粉笔三尺讲台，一把戒尺三寸不烂之舌"的教育时代已经成为过去，新生代的出现向传统教育提出了新的挑战。

我曾教过一个很特殊的高一新生班，它的特殊之处是70%多的学生出身于个体户家庭，相似的家庭背景决定了学生相同的特点。好动话多、个性突出、懒散平庸、责任感弱是他们的缺点，他们也有办事能力强、接受新事物快、思维敏捷、鬼点子多等优点。对于这样的班级，我原以为凭着自己"一手抓"的严格管理模式能把他们治理得服服帖帖的，然而开学一个月后，"一手抓"管理模式让我遭遇了教育生涯的第一次"滑铁卢"。

开学一个月了，我们班并没有等来想象中的好开局，班风评比的"流动红旗"总与我们班无缘，苦苦盼望的表扬少得可怜，苦心管理的班级被贴上四字标签：乱、颓、散、差。乱——只要班主任不在教室，学生就上课起哄，下课乱动，自习嗡嗡；颓——学生没有良好的学习习惯，不懂得管理时间，更没有明确的人生目标；散——无论是活动课、劳动课还是集队集会，学生只要一离开教室，就像断线的风筝四处飘；差——学生自主管理能力差，班级凝聚力弱，处处依靠班主任的高压管理。

不良的班风、学风真的只是学生的问题吗？我开始对学生的行为问题和班级管理问题进行反思。萨提亚的冰山理论告诉我们，一个人的自我就像一座冰山一样，我们能看到的只是表面很少的一部分——行为，而更大一部分的内在世界则藏在更深的层次，不为人所见。为了探索解决班级深层次问题的办法，我决定采取"剥洋葱法"，一层一层地分析班级存在的问题。

运用"剥洋葱法"进行分析，我得出了三个看法：学生用不良的表现来对抗班级管理的逆反心理，是源于班主任"一手抓"的高压式专制班级管理模式；学生的不良学习习惯、不懂得管理时间、不珍惜别人的劳动成果等，是源于学生不良的自我管理和缺少担当；学生的起哄乱动、懒惰散漫，与他们的家庭氛围和家庭教育有关。

找到问题的源头之后，下一步就是采取行动，此所谓"百闻不如一见，一见不如实践"。我决定跳出问题看问题，不再纠结于如何强化管理，转而创新班级管理和学生培养的方式方法，让学生通过行动体验来理解和感悟管与被管，在实践行动中锻炼自主成长的能力。于是，我决定跟学生分工合作以解决上述班级存在的问题：班主任负责与家长沟通，解决家庭教育的问题；学生负责解决班级管理和自我管理的问题。

作为教育者，我明白任何教育问题都能成为教育的契机，把握教育契机的关键在于教育者能否准确地找到问题所在，并做正确的问题归因，然后因材施教。为了做好班级管理问题的正确归因，我引导学生运用"剥洋葱法"寻找班级管理存在的问题。这点事情对消息灵通的学生来说不算难，他们很快就找到了问题所在。

（1）班级管理方面，主要依靠班主任"一手抓"的高压手段管理。这种管理存在三大弊端：一是班级管理缺乏民主氛围。班级事务无论巨细皆由班主任决策和推行，学生只能被动地接纳，所以他们接受不了。二是班级管理的预见性不强。班主任只是凭经验治班，没有充分地分析和了解学生的实际情况，所以问题会一个接一个地冒出来。学生问题就像火苗，班主任就像救火员，永远有灭不完的火、管不尽的事。三是学生主体地位不突出。学生只是被管理者，班级事务似乎与他们无关，感觉被无视了，所以他们参与班级管理的积极性不高。

（2）班级文化建设方面，班主任不重视班级文化建设，主要以经验治班。这存在四大弊端：一是没有制定科学、合理的奖惩制度，班级发展"无法可依"；二是教室保持着"原生态"的模样，没有温馨、良好的学习氛围，学生的归属感不足；三是班级发展没有规划、没有目标，学生对班级建设没有统一的认识，价值感不强；四是德育形式僵化、单一，以批评、说教为主。

（3）学习目标方面，大部分学生没有学习目标。在对学生的调查中，我发现班上只有30%的学生想过自己的大学目标和人生目标，70%的学生学习目标不明确，人生理想不清晰，时间观念不强，学习习惯不好，基本上过着"做一天和尚撞一天钟"的日子。

从以上问题中不难发现，班主任"一手抓"的管理模式忽视了学生的主体能动性和创造性。怎么创新班级管理模式呢？魏书生老师曾说过，一个当班主任的老师最要紧的是把所有的学生都变成自己的助手，建立师生互助的关系，互相搀扶着、帮助着，度完这段不太长的人生。魏老师的话让我有了新的教育构思，学生的领导力应该体现在如何更好地发挥学生的主体与主导作用，让他们做班级管理的主人。

从小学开始，学校就以传统教育模式为主，老师为主体，学生被动地服从管理，对老师的依赖性很强，所以我想尝试一下新的班级管理方式，把班级交回给学生，让他们做自己的管理者。于是，一种全新的"学生做班主任，班主任做班级发展的顾问"的班级管理模式在我的脑海里萌芽。

要想学生成为班级管理的主人，而班主任只是一个班级的顾问、助手，谈何容易。万事开头难，我一边给学生灌输体验式的管理理念，一边指导学生摸索如何做自己的班主任，管理好班级。

（1）创设管理岗位，搭建学生全员管理的主体框架。学生当班主任不仅要求每一个学生都要参与班级管理，更要求学生以主人翁的身份积极参与班级管理。那么，怎样才能让每一个学生自主地参与管理呢？俗话说得好，"一个萝卜一个坑"，要想学生有事可做，就得让他们有位可坐。为了做到真正符合学生的实际需要，我引导全体学生一起商议班级事务分工，这种民主的氛围很快就使学生进入班级主人翁的角色，他们你一言我一语地出谋献策。经过学生们激烈的讨论，一个主次有序、分工细致的管理机构产生了。班级管理机构由常务班委、涉外部、学习部、纪律部和学习小组组成，其中，常务班委是班级管理的中枢机构，涉外部主要负责班级外联活动，学习部专门负责管理各学习小组，纪律部专门负责班级纪律、生活后勤等工作。

（2）制定管理制度，奠定学生全员管理"有法可依"的基础。无规矩不成方圆，所以我提示学生要有一个核心团队来把握方向，然后制定科学、合理、操作性强的评价方案以对各管理层人员进行考核。经过全班学生表决，他们同意由常务班委作为领导核心，负责决策和监督的职能。刚开始，学生不知道如何制定班规，于是，班主任这个顾问就发挥作用了。我引导他们先把班级问题一个一个地筛选出来，然后有针对性地制定细则。最后，常务班委敲定了德育管理考核、教学效果考核和竞赛成果考核三部分的评价方案，并交由全班学生表决通过。学生比较少见到这么民主的方式，他们在表决过程中提出了许多修改意见。我暗暗窃喜，学生终于进入角色了。

在班规的制定过程中，学生如果不问我的意见，我就不会干预他们的决策，我只要做好顾问的工作就行。这个做法既体现了民主，又调动了学生的管理积极性，以制度管人，依规办事，有奖有罚，奖罚分明，还可以帮助学生形成公平公正的处事作风。

（3）引领制定规划，培养学生自我规划的能力。凡事预则立，不预则废。我让学生做一个详细的人生目标规划，包括短期目标、一年目标、三年目标、长期目标等。我想通过具体的规划给予学生明确的方向性指引，让学生在前行的路上始终能看见一盏指路明灯。

（4）树立优秀的榜样，让学生养成良好的竞争习惯。著名心理学家荣格曾提出一个公式：I + we = fully I（我 + 我们 = 完整的我）。意思是说，他人的优点加上我的优点成就了完美的我，即人应取长补短。所以，一个人要想实现自身价值，就必须与周围的人友好相处，精诚合作，实现优势互补，在竞争中共同发展。为了让学生在竞争中有好榜样，有追求的目标人物，我非常重视对优秀的人和事的宣传报道，在学生中树立榜样，从而让他们养成良性的竞争心理和良好的竞争习惯。一个学期以来，我每个月都把德育优秀、学习优秀、竞赛优秀、背诵优秀和纪律进步的学生个人和小组展示出来，一个学期后再复盘，再次进行表彰和宣传。就这样，"让优秀成为习惯"成了我们班学生共同追求的目标。

"纸上得来终觉浅，绝知此事要躬行。"学生经过一段时间的探索和体验，感触颇深，开始理解管与被管的不易，更加珍惜自主管理获得的成果。经过一个学期的探索和试验，我班逐渐形成了学生班主任的班级管理模式。

在这种班级管理模式中，班主任与学生各扮演什么角色，起什么作用呢？

（1）班主任不参与班级的日常管理工作，由常务班委全权处理。日常工作主要包括"班级日常七检查"和"每周四个一"。"班级日常七检查"指的是检查学生的出勤、出操、作业、纪律、卫生、仪容仪表和午晚睡；"每周四个一"指的是总结一周班情、召开一次班务会、帮扶一个最差的小组和上一节主题班会课。

（2）班主任作为顾问，游离于班级日常事务之外，主要负责处理偶发事件、家校沟通等有难度和耗时间的问题。

（3）班主任是班级发展的总设计师。在班级运营过程中，班主任主要负责班级发展规划、学生发展指导、周工作计划、班干部（小组长）培训、行为偏差学生的教育帮扶等，班主任的作用就是引领班级的价值观,保证班级积极、健康地运作。

创新的德育管理模式既减轻了班主任的工作量,让班主任真正成为班级发展的引领者、设计师,又挖掘了学生的潜能,提高了他们自主管理的积极性和工作能力,让学生通过体验实现自我教育、自主成长。

经过探索,学生班主任这种学生体验式的班级管理模式取得了意想不到的效果,我们班竟然在学期末成为德育和教学双优的先进班集体。

所以说,班级管理需要突破传统,教育发展需要创新,给学生一个机会,让他们体验阿基米德所说的"给我一个支点,我可以撬动地球"的感觉。

新班级管理模式有如下特点:

(1) 管理机构分工具体、层次有序。常务班委是班级管理的中心枢纽,共设1名班长、3名副班长,每天召开一次常委会议以决策班务和总结班级情况。涉外部主要负责班级的外联活动,共设1名负责人、10名成员,包括团支部、体育科、文娱科、宣传科、组织科等。学习部专门负责管理学习小组,共设1名负责人、2名学习委员、20多名小组长和10多名学科代表。纪律部专门负责班级纪律、生活后勤等工作,共设1名负责人、2名纪律委员和2名生活委员。

(2) 管理人员覆盖面广、参与面大。从管理职位的创设来看,全班60人全都融入班级管理的大熔炉中,甚至有个别学生要兼任多个职务,真正做到了全员管理,形成了"人人有事管,事事有人做"的局面。

(3) 实行部长负责制和组长负责制。部长和组长要对自己所承担的事务负责,班级通过竞选制、任期制和量化考核等方式对他们进行有效的监督。

(4) 学生班主任管理模式的创新点在于学生是班级真正的主人,他们变"要我做"为"我要做",通过做自己的班主任来体验自我管理、自主成长的快乐。

在班级管理模式的探索中,班主任既要大胆放手,为学生提供大量独当一面、大显身手的机会,又要从宏观上把握班级的概况,知人善用;既要掌握科学的管理办法,让班主任的管理理念润物细无声地影响学生,又要让学生真正得到锻炼并实现自身价值。

如果学生对这种管理模式还是没有感觉的话,我会进一步开展更加直接的班主任体验活动,让学生体验做一天班主任。下面分享一个学生当班主任之后的感悟。

当一天班主任的体验心得

钟俏雪

昨天晚修时,我们班的班干部、小组长、科代表陆续离开教室去开会。我有点纳闷,班主任怎么大动干戈召集这么多人去开会?肯定有什么大事发生。果不其然,原来他们正在商讨我们班即将开展的一项前所未有的班主任体验活动。我对此心怀期待和好奇,并开始思考如下问题:我应该怎样做班主任?遇到事情该怎么处理?当我还沉浸在想象中,班主任告诉我,班主任体验活动从我和我同桌开始。天啊,我完全没有心理准备,这个光荣的体验活动竟然从我开始!

3月14日早晨,在迷蒙的细雨中,我带着悸动的心从睡梦中醒来。今天,我既是宿舍值日生,又要体验当班主任,很害怕迟到而给大家一个不好的印象,所以赶紧起来吧!

走进教室后,我所做的第一件事就是像班主任平常一样,先检查教室里里外外的卫生情况,然后检查学生的校卡、校服,不时提醒他们要带上校卡。我想,班主任平时应该也是这样匆匆忙忙地从家里赶到学校,然后赶回教室关注我们的情况吧。教室里也有不好的现象,例如,读书声音小,偶尔还有学生开小差,上课时有人看课外书……就像班主任常说的,高中生养成习惯的问题总让人操心。

没有体验,就没有发言权。我开始改变对班主任角色的看法,完全同意班主任是学校教育不可缺少的一部分,是维系学校、家庭和社会的纽带;他们在课堂上对我们循循善诱、苦口婆心,无时无刻不在为学生的成长担心。都说"父母是孩子最好的老师",在学校里,老师何尝不是学生最好的父母呢?老师苦吗?答案是肯定的。老师整天围绕着我们工作,他们对学生的爱超出了常规的师生情,老师对学生的付出从不求回报。然而,我们还有部分学生误会、不理解班主任的苦口婆心与付出。真是不应该呀!

体验当班主任是有好处的,可以让我在各方面都得到锻炼和提升,但也有不好之处,那就是太累啦。要想把一个班级管理得井井有条,可不是一件简单的事情!体验当班主任后,我更加理解班主任了。我当一天班主任就已经焦头烂额,我们的班主任每天都这样做,她怎么挺得住呢?

感谢班主任体验活动,让我可以在体验中了解班主任的工作,从而进一步理解班主任的不容易。感谢师恩，他们无私地付出，为我们保驾护航，只为了更好地培育我们成长。

有一种情怀叫感动，有一种精神叫奉献，有一颗心叫感恩之心，有一种爱叫无私奉献。这就是我体验当班主任后的感悟。

教有法，教无定法。专制的传统班级管理办法已经不适应新生代的发展需要，教育者要接纳新的管理理念，尝试新办法。只有多一点选择，才能多一点机会，变不可能为可能。什么是真正的教育？真正的教育应该是一个人的自我教育，在自我教育中进行自我修炼、实现自我发展，在自我教育中感受成长的力量和存在的价值。

第二章　许给学生一种有灵魂的教育

师生不是警察与小偷的关系

我曾经教过一个非常特殊的班级。文理分科时，出于对我的信任，领导和同事把很多需要特别照顾的学生放在我的班上。就这样，积少成多，我们班就由普通班变成一个普通的特殊班级。特殊在何处呢？从学习成绩上来看，学生的总体成绩是全年级最差的；从家庭关系上来看，很多孩子来自离异或重组家庭；最要命的是从纪律上来看，有三分之二的学生在课堂上叽叽喳喳说个不停。我记得第一次与学生见面时，班里就像马蜂窝一样，太热闹了。当时，我就站在教室门口，但是学生就像没有看见我似的，该笑的还在笑，该讲话的还在讲话，只有班主任一个人一声不吭。

为了快速见效，刚开始，我像以往一样，实施"勤快监督＋苦口婆心"式的教育，学生的反馈好得出人意料，他们很快就有所改变。但是，我很快就发现原来学生在使用障眼法，他们明面上一套，背地里又是一套。我在班里的时候，他们能装装样子，安安静静地学习。我离开教室，再偷偷地返回侦察时，却发现了表里不一的学生，他们毫无顾忌地大声说话，教室里热闹得像在赶集一样。大家可以脑补一下：这时候，老师突然一脸严肃地出现在学生面前，就像警察把正在干坏事的人逮个正着一样，而干坏事的学生就像小偷一样，心惊胆战地等待着被警察抓走。

所谓爱之深责之切。当看不到自己想要的教育结果时，我心里很着急；越是着急，我就越严格管理学生；越是严格管理学生，学生就越逆反。我与学生焦头烂额地玩着"猫抓老鼠"的游戏，就这样玩了一个月。开学初的这一个月，我都不敢离开学生的视线。这样的日子何时才是尽头？如果继续做"警察"，我肯定耗不过学生，怎么办？说来也怪，当你停下来思考怎么办时，既说明你在管理中已走投无路，也说明你已意识到必须改变管理办法。

经过思考和分析，我终于弄懂了一些问题：很多时候，老师都会以"我为你们好"这样冠冕堂皇的爱的名义来管束学生，但是学生压根就没有接收到老师对他们真诚的爱，他们只是感受到老师的"唠叨"和"蛮不讲理"，所以当他们受不了的时候，他们就会反抗。这样的管理，只能算是老师一厢情愿的"单恋"，而学生完全没有感觉。怎么办？《道德经》

中记载:"太上,不知有之;其次,亲而誉之;其次,畏之;其次,侮之。"意思是说:最好的统治者,人民不知道他的存在;其次一等,人民亲近并赞美他;再次一等,人民害怕他;最次一等,人民轻侮他。如果把老子的这段话运用到教育管理上,那么学生"不知有之"的老师就是最好的老师,而学生"畏之""侮之"的老师就是最不受欢迎的老师。至此,我算是明白了,一直以来,我以为自己是"不知有之"的老师,却不承想成了学生"畏之""侮之"的老师。如何才能成为学生"不知有之"的老师呢?我把与学生博弈的经验好好总结了一下。

(1)以平常心做平常事,保持初学者的心态。我觉得班主任要保持两种心态:一种是平常心,另一种是初学者的心态。当一位班主任能正确对待学生,又能淡泊名利的时候,他就拥有了一颗平常心。平常心是一种冷静、客观、理智、忘我的心态。保持初学者的心态就是像新生儿面对新世界一样,永远充满好奇和求知欲。

我知道,这个特殊的班级将在很长时间内不能为老师带来荣誉,甚至还会损害我的声誉,但是我学会了放低自己的心态,就像新生儿面对新世界一样,用充满好奇的心态去教导学生,尽量保护他们的好奇心和求知欲,并以平常心帮助他们解决成长中所出现的问题。

(2)吸收先进的教育理念,创设有效的管理模式。教育是什么?有人说,教育就是用昨天的知识教今天的孩子,过明天的生活。这样的教育注定是落后的教育,我们必须创新教育模式,与孩子肩并肩齐步走。

管理一个有70多人且问题很多的大班级,谈何容易。苏霍姆林斯基曾说过:"教育的重要任务之一就是:不要让任何一颗心灵的火花未被点燃,而要使一切天赋和才能都最充分地表现出来。"为了更好地调动学生参与班级管理的积极性,我尝试了一种新的班级管理模式——小班化管理模式。

小班化管理不同于班级的规范化管理,它是在规范化管理基础上形成的一种更为细致的管理方式。传统的管理模式是直线型的,即"班主任—班委会—学生"。在这种管理模式中,班主任是主宰者,学生只是被管理者。小班化管理模式则是一种反其道而行之的管理模式,在这种管理模式中,学生是主宰者,老师只是协助者和引导者。

小班化管理模式把全班分为4个小组,每个小组都是一个相对独立的小班级。小班化管理结构分为2个部和2条管理线。2个部为外务部和内核部:外务部主要负责外务对接(与学校、年级对接),共设部长1名

（班务总管）、副部长4名（部长副手，兼任小部长，分管4个小组）、职员6人（分管全班的劳动、学习、内务、体育、艺术和纪律）；内核部主要负责班级内部管理，共设小部长4名（小组的管理者）、小副部长4名（小部长的副手）、纪律组长8名（每小组2名）和学习组长8名（每小组2名）、科代表9名。2条管理线：外务部的管理线是"部长—副部长—职员"；内核部的管理线是"小部长—小副部长—纪律组长/学习组长—科代表"。

小班化管理模式有如下特点：

（1）实行全员管理。在小班化管理模式中，内核部是班级管理的核心，4个小部长就是4个小班级的管理者，管理约18人，每个小班级设有15个管理岗位。按照这样的设计，全班共有73人，共设置60多个管理岗位，只有几个学生没有参与班级管理。这样的管理模式是真正"还政于民"的管理模式。

（2）班级管理与学习小组评价有机结合。按照学校的要求，每个班级分为4个学习小组。我把每个小组设计成为一个小班级，让学生实施独立的班级管理，由小部长对本小组全面负责，全体组员参与管理，真正把班级管理落到实处。每月对学习小组进行一次考核评价，并表彰、奖励优秀的小组。

（3）合理分工，落实责任。在班级里，每个学生基本上都有明确的职责和任务，除了小部长、小副部长、纪律组长和学习组长，9个科都有科代表，每一个科代表都是学习组长的得力助手，他们对本科目的学习成绩负责。

（4）引进竞争机制。在班级管理中，我还引进了竞争机制、奖励机制等，让小班级之间存在竞争，也让学生在充满竞争的环境里体验优胜劣汰的生存规律。对于很多好动的学生，我没有强硬地限制他们的行动，而是因势利导，通过组织很多的活动彰显学生的个性，让学生在实践中体现自身价值。学生在活动中感受到合作的快乐，体会到解决问题带来的喜悦。

在这样一个特殊的班级里，我们一起玩，一起疯狂，一起学习，一起成长，结下了深厚的友谊。我们学校举行班主任节时，学生买了一束花送给我，并在办公室的小白板上写上"老师，节日快乐！您是12班永远的班主任"。学生还附了一封思忆浓浓的信：亲爱的老师，我们不会忘记那些我们一起走过的幸福的日子。我们一起参加歌唱比赛，一起布置教室，一起游览校园，一起用画笔描绘我们的校园生活，一起努力争取评上"标兵班""标兵宿舍"，一起陪同家长见证我们的成长，一起开大大小小的班会，畅谈彼此的心声，一起努力求知，一起为梦想而奋斗……如今，白板上的字我还舍不得抹掉，这封信我还收藏着，因为它们是我与学生共同成长的见证。

什么是最好的教育模式？我想，世界上本没有最好的教育模式，只有最合适的教育模式，最合适的教育模式就是最好的教育模式。

附：优秀合作小组评价方案。

优秀合作小组评价方案

1. 评价目的

制订科学、合理的班级优秀合作小组评价方案有利于增强学生的竞争意识、团队意识；实施可行性强的班级优秀合作小组评价方案有利于学生提升自主管理能力、促进自我成长，有利于增强班级凝聚力。我们的优秀合作小组评价方案是进行"小组捆绑式评价"，以小组为单位进行评价，把小组评价与学生个人评价有机结合起来。"小组捆绑式评价"旨在通过评价去激发学生内在的积极进取因素，"一荣俱荣，一损俱损"的评价结果让学生时刻感受到自身的责任所在，从而激发学生的内动力，使其在集体荣誉感的推动下积极进行互助合作，最终达到小组合作共赢的目的。同时，通过"小组捆绑式评价"机制，使学生逐步养成尊重他人、欣赏他人、悦纳他人的良好习惯。

2. 合作小组的功能

（1）小组成员共享学习资料、资源；

（2）课堂上进行疑难问题的合作探究；

（3）课外进行小组成员间的活动协作、学习互助、纪律监督；

（4）小组成员互相检查落实学习任务。

3. 组建合作小组的注意事项

（1）小组组建。

①小组初成。

产生：开学前，班主任根据考试成绩自行安排，组成4人小组，组长待开学后由小组成员推荐产生。

原则：成绩优差搭配、男女搭配。

②小组重组。

第一次月考之后,调整或重组小组。

A. 组长、副组长的产生。

方法:选举法、观察法、询问法、推荐法。(组长产生后由组长自主选配一名副组长)

原则:优先考虑责任心,其次考虑工作能力,再次考虑成绩(中等成绩以上)。

B. 组员的产生。

方法:组长选组员;组员选组长;班主任默默地协调。

原则:优先考虑成绩优差搭配(主要考虑总分、数、英三类成绩搭配),其次考虑纪律优差搭配。

(2)引导小组健康成长。

①小组内分工合理、职责明确。组长与副组长分别对小组的纪律与学习负责;成员分工做好学科作业的收交。

②制订科学的考核方案。班主任拟订方案,再由班干部讨论修改,最后让全班学生讨论并再次修改;拟定好之后,关键在于班主任的监督、落实。

③班主任帮带组长开展工作。开学第一个月,班主任要勤下班、多了解、多交流,及时纠正组长及小组存在的问题。

④总结、交流、提升。每周一次小结,每次考试后总结、交流一次;每次交流时注意表彰、宣传优秀的组长、小组,发挥他们的正能量辐射作用。

4. 评价内容

(1)德育管理考核。

本项目旨在培养小组长的工作责任心,增强小组成员的自主管理意识。考核内容是小组的日常管理,主要是小组的纪律表现及完成各项任务的情况。

加分项目:

①每周评出量化考核优秀组5个,小组成员每人加1分,组长加2分;

②开会搬凳子每人加5分(人选由副班主任确定);

③由于值日生不按时值日、倒垃圾等,由劳动委员安排其他学生代完成任务,每个项目每人加2分;

④好人好事(包括学校志愿者做好事)加2~5分(由班委判定);

⑤被评为"标兵班",值周班干部每人加5分;

⑥被评为"标兵宿舍",舍员每人加1分,舍长加2分。

扣分项目:

①早读、午读、晚读不认真的小组,每人扣2分,并罚写"我保证以后认真读书,不乱讲话"100次,多次违规者罚抄写加倍;

②自习、第一和第二节自修期间不认真学习的小组或有开小差现象的小组,每人扣2分,并罚写"我保证以后认真学习,不乱讲话"100次,多次违规者罚抄写加倍;

③第三节自修谈论学习的声音影响到他人学习的小组,每人扣2分,并罚写"我保证以后认真学习,不乱讲话"100次,多次违规者罚抄写加倍;

④上课期间组员有开小差、乱起哄、扰乱课堂秩序、受到老师批评等现象,每人扣2分;

⑤上课迟到、早退扣2分,并罚写"我保证以后提前五分钟到教室学习"100次,多次违规者罚抄写加倍;

⑥无故旷、缺课扣5分,罚写一千字检讨并视情节轻重、态度好坏做出其他处罚;

⑦不按质量完成老师、科代表布置的学习任务扣1分,不按时上交每次扣2分并罚抄没完成的内容每个5次;

⑧课堂上看与学习无关的书籍扣2分;

⑨有上课睡觉、随意走动等扰乱课堂行为的扣2分,情节严重的扣5分;

⑩在学校使用手机,玩电子产品,在教室和宿舍充电,没收用具并扣5分;

⑪女生不扎头发、男生长头发扣1分,女生3次不扎头发由家长带回家剪发;

⑫无故穿拖鞋、背心回教室上课扣1分;

⑬不按时值日、抹黑板、倒垃圾或值日效果不好(班风评比扣0.5分以上),每人扣2分并罚扫地3～5天(由劳动委员安排);

⑭不听班干部劝导、不服从班干部管理扣2分,顶撞班干部、老师扣5分;

⑮无故不参加早操、课间操或班级、学校组织的文体活动,每次扣5分,出操、集队等迟到扣2分;

⑯其他对班集体荣誉造成坏影响的言行扣 2～5 分（由班干部判断）；

⑰不按时完成惩罚任务者，罚双倍任务，情节严重者送回家进行家庭教育一周；

⑱其他严重的违纪行为按照学校的德育考核办法处理。

（2）教学效果考核。

加分项目：

①课堂上自主参加展讲、展写，每次加 1 分；

②课堂上对展讲、展写"找茬"成功者，每次加 1 分；

③按时、按质完成作业、笔记、练习等，每次加 1～2 分；

④学科老师组织考试，考试成绩 60 分以上者得 1 分，70 分以上者得 2 分，80 分以上者得 3 分，90 分以上者得 4 分，100 分者得 10 分；

⑤文综知识背诵，每背诵一题得 1 分，不能完成背诵任务者，每题抄写 5 遍即可，但不加分（背诵原则是小组互背）；

⑥学校组织的统一考试，对考试积分排名高的班级前五名小组和积分进步显著的小组以及班级排名前十的学生、成绩进步显著的前十名学生进行物质奖励。

扣分项目：

不能完成文综知识背诵任务，也没有按时完成抄写者，扣 2 分并要求完成抄写任务。

（3）竞赛成果考核。

每两周组织一次文综竞赛，竞赛分为小组全体赛和优秀个人代表赛两个阶段。每题得分为 2 分，两个阶段的得分相加即为小组的最终得分。

奖励项目：

奖励得分最高的前五组和前七名个人，每一次竞赛独立进行物质奖励。

扣分项目：

①在竞赛第一阶段的背诵环节，背诵内容少于 10 个的学生，每组每人扣 2 分；

②在竞赛中作弊的小组和个人，取消其竞赛成绩，并罚作弊者写"我保证以后做一个诚信、守纪律的人" 100 次。

（4）其他奖罚。

①在教室吃零食、早餐等违禁食物者，罚他给每一位同学买一份他所吃的食物；

②被评为不文明宿舍或被舍警投诉的宿舍,每人每次自愿捐 10 元作为班会费;

③每周根据量化考核结果评出 3 个分数最低的潜能组,安排全组成员为班集体做一件好事(由劳动委员安排),如果潜能组中有纪律扣分者,则每人自愿捐 10 元作为班会费;

④其他临时活动的奖惩由班委决定。

5. 评价考核部门

(1) 纪律部。由纪律委员、劳动委员、体育委员组成,主要负责"德育管理考核"项目的数据统计及惩罚。

(2) 学习部。由学习委员、班科代表、小组长组成,主要负责"教学效果考核"和"竞赛成果考核"两个项目的数据统计及惩罚。

(3) 每周、每月、期末统计的总负责人:正、副班长。

6. 评价方法、原则

(1) 评价方法:竞赛法、观察法、评比法。

(2) 评价原则:坚持节节评、日日评、周周评、月月评的原则。

7. 考核结果及应用

(1) 每周根据"德育管理考核"和"教学效果考核"的得分结果,评出 5 个优秀合作小组,在每周班会上进行表扬,并在优秀明星榜上给每个人贴上一颗星。

(2) 每周根据"德育管理考核"和"教学效果考核"的得分结果,评出 3 个潜能组,正、副班长要督促其进行整改;一个月内被评为潜力组达 2 次以上的小组,月末将邀请家长参加我们组织的微型家长会座谈。

(3) 每 2 次被评为潜能组,则扣掉该组每人一颗星。

(4) 每次文综竞赛结束后立即表彰得分最高的前五组和前七名个人,并在优秀明星榜上给每个项目的每个人贴上一颗星。

(5) 根据每周累加的积分评选出月优秀个人 10 名和优秀合作小组 5 组,进行物质奖励并张贴宣传。

(6) 学期末,根据优秀明星榜的结果评选出班级优秀个人 10 名和优秀合作小组 5 组并进行表彰、奖励,同时,把优秀评选结果作为学期末各类评优评先活动的重要依据。

第二章 许给学生一种有灵魂的教育

教育需要重塑孩子的劳动观

不知道大家还记不记得2019年广东高考（全国Ⅰ卷）的作文题材料，材料中提到"有一些同学不理解劳动，不愿意劳动"，"我们身边也还有着一些不尊重劳动的现象"。看到这则材料，大家有什么想说的？

其实，在以学习成绩作为评价学生、考学录取的主要标准的时代，无论是学校还是家庭，在教育孩子时，都容易陷入重智育轻德育、重分数轻品行、重理论轻实践的误区。大家都认为孩子学习好、成绩棒就行，其他方面并不重要，家长对会影响孩子学习的劳动教育更是不在乎。孩子放学回到家，家长什么事都不用孩子干，孩子做作业就行。当现实生活中出现太多如材料中不理解劳动、不愿意劳动、不尊重劳动的现象，而国家也意识到这个问题的严重性时，你还会理所当然地认为只要成绩好就行，教育何错之有吗？下面，让我们从一些现实的案例中进一步反思劳动教育对一个人的健康成长的重要性。

"巨婴"案例引发的教育思考：劳动教育对孩子的健康成长到底有多重要？

案例一："东方神童"魏永康走下神坛

1983年出生的魏永康在2岁时就被誉为"东方神童"。他为什么这么厉害呢？原来，魏永康在2岁时就掌握了1000多个汉字，4岁时几乎学完小学的课程，8岁进重点中学，13岁读大学，17岁考上中科院的硕博连读研究生。2003年，已经读了3年研究生的魏永康，连硕士学位都没有拿到就被学校劝退了。这个案例就是现实版的"伤仲永"，大家想了解为什么"神童"魏永康在长大后并没有延续神奇吗？让我们来看看他的故事，思考一下我们的教育。

魏永康从读中学开始，就由他的母亲陪读；读高中时，他的母亲还亲自给他喂饭；在湘潭大学学习时，他的母亲一直跟在儿子身边照顾其饮食起居；来到中科院读书后，魏永康认为自己已经长大了，执意不要母亲陪读，孤身一人北上求学。然而，身边突然没了母亲的照料，魏永康感到很不适应，竟无法安排自己的学习和生活。最后，原本一路开挂的魏永康，竟因到北京读书后生活完全无法自理，也无法完成学业而被中科院劝退。退学后，魏永康在求职之路上也四处碰壁。

这就是人们想尽办法培养的高分低能的读书机器吗？

案例二："90后"小夫妻因为不会正常生活而一拍两散

网上有个热帖，说一对"90后"小夫妻结婚以后，每天的早餐都是在楼下的包子店买的，午饭在食堂解决，晚饭则是每周一、三、五在婆家吃，二、四、六在娘家吃，剩下的周日是两人固定的下馆子的日子。然而，滋润的日子随着女儿的出生被打破了。女人生小孩，男人照样吃喝玩乐，根本不会照顾女人。在生活中，你嫌我不会做饭，我嫌你灯泡都不会换；你嫌我不做家务，我嫌你沉迷于游戏。三年中，厨房只用过一次，夫妻俩最后一拍两散。

这究竟是哪里出了问题？他们的成长过程到底缺失了什么？

我们从以上案例中不难发现，无论是"神童"魏永康还是"90后"小夫妻，他们都是人们口中"饭来张口，衣来伸手"的"小皇帝"和"小公主"、"不食人间烟火"的生活低能儿。我想，"巨婴"也是很适合用来形容他们的。

仔细分析上述案例，我们不难发现他们身上存在着同样的问题，最突出的问题就是缺乏基本的生活自理能力。

那么，是什么原因造成孩子生活自理能力缺失呢？"冰冻三尺，非一日之寒。"很显然，家庭和学校都应该为此负责，因为无论是哪一种能力的形成，都是家庭教育和学校教育长期作用的结果。

教育者长期不重视劳动教育，具体会对孩子产生哪些危害呢？如今越来越多的孩子看不起体力劳动者，不珍惜他人的劳动成果，花钱大手大脚，只会享受父母的劳动成果，长大后缺乏生活自理能力，这些都是家庭忽视对孩子进行劳动教育的后果。所以，为了让孩子拥有健康成长的能力，教育需要给孩子补上劳动教育课，帮助孩子重塑劳动教育观。

在学校教育中，劳动教育的契机无处不在，只要我们在思想上重视并细心观察，机会总是有的。下面，我给大家分享我是如何在学校开展的活动中巧妙地融入劳动教育，给学生创造一个在校的高光时刻的。

成功商家诞生记

高一第一个学期,我们学校举行义卖活动。学校提前一周宣布该项活动,全体学生立即欢呼起来。作为班主任,我想了解大家高兴的原因。我问大家:"你们为什么这么高兴?"学生说:"我们终于可以光明正大地吃零食了。"原来是因为我们学校禁止学生带零食回学校,他们在学校"禁欲"太久了,所以每年义卖活动中各式各样的零食都是他们的挚爱。

我立即从活动中看到多个教育契机。本次活动既是一次"赠人玫瑰,手留余香"的献爱心义卖活动,也是一次体验生活的商业活动,更是一次劳动教育体验活动。我做事的原则是要么不做,要么就做得精彩而有意义。

我向学生提出问题并引发他们思考:你们知道金钱和资本的区别吗?他们说,都是钱,没有什么区别。我说,金钱花完就没有了,但是资本花出去了会增值。你想不想既做吃货,又让口袋里的钱变多?学生们的脸上露出了惊讶的表情,然后异口同声地回应了我曾告诫过他们的话:"天下没有免费的午餐,我们不做投机取巧的事。"他们反应如此灵敏,我不得不佩服他们。

做教育就是这样,因为站位不同,角度不一样,学生未必能理解学校和老师所做的每一件事情,所以成功教育的背后需要班主任细细地谋划,耐心地解释和普及,并强有力地执行。

确实,天下没有不劳而获的免费午餐,但是如果我们好好地谋划、用心地经营,把自己由消费者变为经营者,那结果就大不一样啦。一听说义卖活动还可以这么玩,学生再次沸腾起来。于是,我适时地向学生们提出了"生活即教育,体验不一样的人生"的劳动教育主题活动,并指导他们做好几项关键工作:组团、分工、调研、规划。学生脑子转得快,反应灵敏,我提示完毕后,他们立即组团并着手研究方案。既然是一次有意义的教育活动,我给学生安排了两节自修以便他们讨论,让他们有充分的时间做好规划,发挥智慧的小宇宙。我坚信,只要给学生一个舞台,他们就会给我们一个惊喜。很快,全体学生分为8个商团,并出台了8个经营方案。

我们班的经营是有指导、有准备的,所以我们班的商品样式丰富多彩,推销手段精彩多样,摊位周围人山人海,还吸引了电台记者过来采访,吸引了校长等领导过来看热闹。结束后,大家连晚饭都没有吃,累得趴下了,仍高高兴兴地在教室里数钱,一边数钱,一边开怀大笑,享受着成功的快乐,享受着累并快乐的感觉。

　　说真的,我已经很久没有见到全班学生这么开怀大笑了。作为高中生,他们被时间和学习逼得失去了自我。我常常反思,这就是我要的教育吗?这就是我们的学生应该有的样子吗?不是的,他们应该拥有幸福生活的能力,高中生活也可以是多姿多彩的;他们不应该因为一次考试的失败就被定义为失败者,他们还有很多潜能等待开发,他们是可以拥有更多的选择的。

　　如果班主任感觉自己开展劳动教育活动的能力有限,那么可以从学生容易做到的、最简单的行为开始。例如,为解决学生不礼貌、不卫生、时间观念差等习惯问题,我向学生提出了"一问好、二守时、三弯腰"的良好行为习惯养成目标。为了让学生真正落实弯腰捡垃圾的目标,在学校里,从老师做起,老师看见地上有垃圾,就弯腰捡起来。老师言行身范之后,随意丢垃圾的学生大大减少了,弯腰捡垃圾的学生大为增加。其实,学校还可以利用一些节日来塑造学生的劳动教育观。例如:每年3月5日"学习雷锋日",班级可以组织学生到街道打扫卫生;3月12日植树节,班级可以组织学生参与校园植树活动。为了增强学生对劳动的认同感,我们在组织活动时非常注重仪式感,让他们感觉到劳动是光荣的、了不起的事情。

　　当然,真正的劳动教育应该从家庭开始,以家庭教育为基础,为学生重塑良好的劳动观。

　　《弟子规》中说:"房室清,墙壁净,几案洁,笔砚正。"意思是说,书房要整理清洁,墙壁要保持干净,读书时,书桌上的笔墨纸砚等文具要放置整齐,不得凌乱,触目所及皆井井有条,才能静下心来读书。家庭是教育孩子的第一所学校,父母是孩子的第一任老师,但是很多家长尤其是农村的家长不以"一屋不扫,何以扫天下"为训诫,不重视对孩子的劳动教育。

　　人们的普遍观念是,农村的孩子更应该理解劳动,更加懂得劳动的重要性,但是我从学生平时的表现中并没有看到这样的结果,许多学生乱丢垃圾,教室地面很脏,宿舍不干净、不整洁。农村的孩子平时在家里的劳动养成教育又如何呢?为了了解情况,掌握第一手材料,真正做到因材施教,我每个学期都带领班主任团队走访农村家庭。

　　在实实在在的家访中,我们发现农村家庭劳动教育缺失的问题十分严重。

（1）家庭劳动氛围不好。无论工作多忙，很多家长都是下班后煮饭、做家务，极少让孩子做家务，更少让孩子下田干农活。

（2）家长推卸教育责任。部分家长认为教育孩子是学校和老师的事情，与家长无关。

（3）家长重物质、轻教育。许多家长只是做到保证孩子吃好、喝好，很少关注孩子的学习情况、行为习惯、思想品德、性格养成等。

（4）家长劳动意识薄弱。许多家长认为孩子只要学习成绩好，将来就能出人头地，其他的小缺点待孩子长大后自然会被克服。

父母是家庭教育的根，想要改善问题，首先需要增强父母的教育意识，通过学校带动家庭重视对孩子的劳动教育，把家长发展成为学校的同盟军。

为了不让孩子输在所谓的起跑线上，现在许多家庭包办了孩子的一切劳动。本该自理的事全都由家长、长辈代劳，结果导致孩子不爱劳动、不愿劳动、不会劳动。这样的坏习惯一旦定了型，对孩子的健康成长非常不利。

因此，为了让家长懂得劳动教育的作用，我们利用寒暑假时间，创设假期德育作业，引导劳动教育轻松走入家庭。

（1）2019年寒假德育作业。为促进亲子关系，我们以"拥抱2019年寒假"为主题开展寒假德育活动，家长与学生共同完成"四个一"任务：共读一本好书，进行亲子阅读；共同观看一档优质的电视节目，促进亲子之间的沟通和理解；做一次家务劳动，体会父母的艰辛、不易；春节给亲人、长辈发送一条情真意切的拜年祝福短信。作业形式：写感悟，拍照记录生活，分享美好。

（2）2019年暑假德育作业。作业主题为"劳动实践，做一做"。中学生要掌握一些劳动技能，体会父母的艰辛，培养热爱劳动的精神，参与一些社会实践，把劳动落实到点滴汗水中。作业的形式及评价：所参加的每项活动至少须保存三张照片，以作文的形式写出活动感悟，以手抄报的形式展现假期活动。

我们通过互动式的德育作业，以任务驱动的方式促使家长和学生共同劳动，以直观、直接的方式使劳动教育在润物细无声中融入家庭教育。

劳动教育不是社会、学校或家庭单方面的事情，而是这三个教育渠道相互配合、密切联系、各司其职的结果。

三封信的故事

无论是老师和学生还是老师和家长,他们之间每天都发生着不同的故事。很多精彩的故事会随着岁月的流逝而一一被淡忘,我们终将成为彼此人生中的过客。然而,当我们给彼此留下了可追寻的足迹时,我们之间的故事就会长久地烙在彼此的心田。

如今,为了整理著作文稿,我把存放资料的邮箱、U盘等翻了个底朝天,一边翻找资料,一边回忆我和许多届学生的点点滴滴。我担任了10多届学生的班主任,与1000多个家庭建立过联系,但是很多学生毕业之后就没有再联系,所以有些人无论你怎么搜索,就是记不起来,甚至翻看了照片和名字后,还是感觉很陌生。也有一些人和一些事,让你一看到你们一起留下的痕迹,就能找回那种温暖而熟悉的感觉。下面的三封信就是如此,一看到它们,我立即回忆起我们一起走过的青葱岁月,我们彼此在最美的岁月给对方留下了不可磨灭的记忆。

第一封信:家长给我写的信

李老师,您好!

我是谭××的家长。我经常听孩子提起您,也知道您是学校里最出色的班主任(没有之一)。每当分班时,总是有那么多的家长要求把孩子送到您的班级,我家的孩子是幸运的,他一分班就遇到了您。百闻不如一见,上周家长会,我聆听了您的讲课,感觉您是一名文化水平高、以生为本、爱岗敬业的好老师。真的感谢上苍,孩子在他成长的关键期能遇到您这样一位好老师!在此向您表示深深的敬意:老师,在教育孩子的路上,您辛苦啦!

我知道,孩子正处于青春叛逆期,不愿意跟父母分享自己的喜怒哀乐,一回家就把自己的心门关闭,但是他愿意倾听老师的教诲。在第一周放假时,他竟然破天荒地回家要求我们带他去理发。老师,您知道吗?孩子的头发问题一直是最令我们头疼的大难题。初中时,班主任每提示一次理发,我们家就爆发一次大战。每每想起,都心有余悸!现在,孩子每周回家还会主动跟我们聊天,说喜欢现在的班主任。孩子从小学开始,一直都有很多问题,很多老师基本会否定他的言行,他心里很抵触老师,但是现在,孩子心里终于默认了一个值得他信任的老师啦!真是感谢您!

上周六上午举行家长会,感谢您给我们开了一次不一样的家长会,我们从中学到了很多知识。您让家长和孩子们体验指导"盲人"走路,原来捂着眼睛走路与我们不了解孩子而盲目地进行教育是一样的道理;您还教我们如何与孩子相处;您提到要分组实行小班化管理,我不是很懂这些,但是我觉得它是一个很不错的管理方法,所以我支持您的决定。我相信它不仅能有效地提高孩子的学习效率,更能培养孩子的自主学习与管理能力。

感谢老师给我们机会,让我们与您一起探讨和分享孩子成长中的快乐。我不知道如何表达对您的谢意,便手写一封信,让孩子带给您,希望不会浪费您的宝贵时间。最后,祝您工作顺利,家庭幸福,桃李满天下!

感激您的家长:谭××家长

2017年11月10日

第二封信:致我日夜思念的高三(12)班的同学们

亲爱的同学们:

由于工作的需要,我要离你们而去。你们应该还记得,高一第二个学期刚分班时,我们班是一个怎样的班级吧。然而到高一学期末,我们班已经发生了根本性的扭转;到高二时,我们班已经成功逆袭为一个优秀的班级啦。如今我们分离才几个月,我听说你们还不适应现在高三的学习与生活,班级管理松散,还多次被年级领导批评。

其实,我早就想对大家说些什么,但是我一直想不出用什么方式来表达。去教室与你们会面吧,怕打扰大家,也怕别人误会什么;让其他老师替我转述我的担忧吧,又怕别人不能完整地表达我的意思。现在,我终于下定决心通过这种方式来与大家进行沟通交流,希望这封信能够传达我对你们的爱和给予你们战胜困难的勇气与能量。

那些年,我们一起走过的基础年级

一年半之前,为了理想,我们从分散的25个班中相聚于高一(12)班,我成了你们心中敬畏的爱姐。生活中,总有磕磕碰碰;学习中,总有起起落落。我知道大家心中都有一个非常明确的目标——考上理想的大学。所以一直以来,无论过得多么辛苦,大家都一起面对困难,一起相互搀扶，一起奋起直追……结果，我们班从一个需要班规硬性约束的班级发展为学生自主管理的班级，从一个松散的班级变为凝聚力强的班级，从一个全年级排名倒数的班级变为一个年级排名前列的班级，从一个默默无闻的班级发展为令其他学生向往的班级……真是数不尽的进步、道不完的收获。在高一、高二阶段，你们让我因为拥有你们而备感骄傲！

今天，我们的心永远在一起

你们高三时，我因为初任行政工作而不得不违背自己对你们的承诺，不能与你们共战高三，因为我担心自己的行政工作会影响备考，所以我选择退出。但是，我一直以另外一种方式与你们在一起。你们知道吗？当学校公布高三老师的任课名单时，我哭了。虽然早已申请不上高三的课，但是看到确定的事实时，还是忍不住伤心。那一夜我彻底失眠，我真舍不得离开你们。你们就像我的亲人一样，我们是相亲相爱的一家人。

天下没有不散的筵席。我虽然没有与你们在高三的路上一起奋斗，但是我的心是与大家共进退的。

同学们，高二时，你们所写的所有高考目标都被我好好地存放着，待到高考放榜的那一天，我会对照着你们的目标一一分享。

现在，你们上高三差不多有三个月了，也经历了两次高三的月考，这个星期即将进行惠州一模。听说，我们班的考试成绩不怎么样，有部分学生比以前落后了许多，也有部分学生对自己的目标越来越不确定。还听说，我们班经常被领导批评，但还是有个别学生没有被骂醒。你们知道吗？当我听到我们班被领导批评的时候，我心里真的很难过，因为我没想到那个曾经优秀的班集体、我曾经引以为荣的学生，不知何时竟自甘堕落了，我也想不明白，最让我放心的女生为什么也让老师担忧了。同学们，现在你们已经是高三的学生了，应该是"不待扬鞭自奋蹄"的时候了，此时不搏更待何时？

人生的不同阶段应该有不同的目标和活法。高二时，我们一起度过了令人羡慕的青春岁月，搞了丰富多彩的活动，其他班级都惊叹原来高中可以这样度过！如今高三了，你们有没有想过如何充分利用每一分每一秒的时间？对每一个人来说，人生的转机并不多，其中高三阶段就是我们最重要的人生转机，谁把握好了这个阶段，谁就能更好地把握自己的明天。对于学习，每个人的情况不尽相同，但有一样东西是可以一样的，那就是拼搏之心！其实，一个人的潜能远超出他的想象，奇迹往往是意料之外的事情。

相信自己，你能作茧自缚，就能破茧成蝶。有些束缚，是我们自找的；有些压力，是我们自给的；有些痛苦，是我们自愿的。每个人都有梦想，但不是每个人都能实现梦想，阻碍前进的是自己，放弃梦想的也是自己，我们总局限在自己思维的界限中，怎么也越不过这道沟壑，成为自己的俘虏，败给了自己。你们甘心吗？

明天，我们共同的期待

"子在川上曰：逝者如斯夫！"我们不能总是回顾过去，而更应该展望未来。在你的一生中，没有人会为你等待，没有机遇会为你停留，成功也需要速度。很多人都知道，在我国广袤的沙漠中，生活着一种普通的植物——梭梭。它被誉为"沙漠梅花"和"沙漠卫士"，是我国荒漠区最重要的植被类型，也是亚洲荒漠区分布面积最广的一类植被。众所周知，沙漠地区环境十分恶劣，要想立足其中，困难自然不小，但是梭梭做到了。作为灌木植物，梭梭虽然只有三四米高，外形也不出众，可是它迎风顶沙，顽强挺立，给沙漠带来了生机和活力，成为沙漠独特的景观，也成了戈壁沙漠优良的防风固沙植被之一。

希望你们也能有"沙漠卫士"梭梭的速度与精神，与时间赛跑，创造属于你们的明天！

关注、关心你们的大姐：爱姐
2012 年 10 月 23 日凌晨

第三封信：学生写给我的回信

亲爱的爱姐：

很高兴收到您的来信，也很感激您一直在背后默默地关心我们。在这里，我们向您真心地说一声："谢谢！"看到您的来信，我们真的很感动，很多同学都哭了。分开的这段日子里，我们发生了很多事情，相信您也有所耳闻吧。对不起，我们让您伤心与失望了。

记得我们在一起的时候，经历过许多：一起参加歌唱比赛，一起布置教室，一起游览校园，一起用画笔描绘我们的校园生活，一起努力争取评上"标兵班""标兵宿舍"，一起陪同家长见证我们的成长……太多的一起成为我们生命中不可磨灭的记忆。

今天，我们坐在高三的教室里，也不会忘记高二那些我们一起走过的快乐、幸福的日子。

> 教育，请许给孩子一个美好的未来

  高三了，发现您不在我们身边，我们真的很不习惯。但我们都知道，尽管您没有和我们一起奋战高考，但您一直在默默地关心和支持我们。我们会记得您曾教过我们的一切：不抛弃，不放弃；团结友爱，共同进步；争分夺秒，努力拼搏；心怀感恩，奉献助人。

  亲爱的爱姐，感谢您曾经为我们不辞辛苦地付出，感谢您为我们洒下的汗水与心血。作为老师，您是无私的；作为我们的大姐，您是最可亲、最可爱的。爱姐，您放心，高三的我们会懂事的，不会再让您为我们操心了。

爱您的学生：高三（12）班全体成员
2012年10月25日

第三章 许给学生一个有温度的校园故事

社会的价值在于承载,教育的价值在于成就人。不能成就人的教育是空白无力的教育,空白无力的教育是想当然的教育。教育需要以人为本,直抵人的灵魂;教育需要感受美,在美的教育中蜕变,在蜕变中成长、逆袭。

第三章 许给学生一个有温度的校园故事

教育，是一个慢成功的过程

忙完了一天的工作，我泡了一杯茶，惬意地坐下来，顺手翻看学生送给我的毕业留言本。

一个又一个熟悉的笑容从我的指尖滑过，那些年，我们一起走过的日子仍历历在目。忽然，一张照片让我停住了翻看的手，照片上的人开怀大笑。是他，一个面无表情的学生，为了看到他的笑脸，我费尽周折……

高一开学的第一天晚上，在教室的一个角落里，一个孤独地坐着的男生引起了我的注意。后来我了解到，他是一个沉默寡言、独来独往、冷漠无情的男生。同学们从来没有看见过他的笑脸，特别是当大家谈论父母时，他总是一言不发，甚至走开。他叫阿其，一个让我的心揪了起来的男生。

经过一段时间的观察，我发现课后热闹的场景仿佛与阿其一点关系都没有，他匆匆而来，又急急忙忙而去，仿佛空气中悬浮的尘埃，渺小得让大家忽略了他的存在。

花样的年华，是什么让他收起了笑脸？是什么让他拒绝了老师和同学的善意？又是什么让他封锁了一切与家庭有关的信息？我百思不得其解。难道就这样让阿其在我的视线里透明下去？不，我的内心在挣扎，我的良心在责备自己。

教育需要耐心，容不得半点烦躁；教育是一个慢成功的过程，只要火候够，一切都会安好。所以，我不敢放弃他，我决定接受命运安排给我们的缘分，也相信爱与智慧的教育会让他敞开心扉。

刚开始，我看似无意却有计划地安排学生主动与阿其交朋友，为他营造一个活跃、温馨的班级氛围，让他感受到集体的温暖与和谐。下课后，我看似无心却有的放矢地跟阿其聊天，让他感受到老师的关注和用心。慢慢地，阿其似乎放松了戒备，我们能够平静地相处了。但是，我们还是很难打开阿其的口。

我相信，只要有足够的耐心，我们就一定会捕捉到教育契机；只要有爱的理由，我们就一定能战胜一切。

记得那天上历史课，当我讲到拿破仑的英雄事迹时，我看见阿其露出了敬佩的表情，嘴咧了一咧，眉梢弯了一弯。那是一个不明显的笑脸，却深深地印在了我的脑海里。花季少年，为什么笑一笑都这么难？我决定以此为突破口。

课后，我把阿其留下来，说："你对拿破仑感兴趣?"他点点头，我又说："我借《一代英雄拿破仑》给你看，你要特别留意他的父母对他的影响，看完后与老师分享，好不好？"他又点点头。

一个星期后，阿其来找我，小声地说："他的妈妈是一个了不起的女性。"我见机会来了，就单刀直入地问他："你的父母对你的影响怎样？"一刹那，阿其的表情是那么的痛苦、那么的绝望。我想阿其的忧伤与他的父母有着莫大的关系，便接着说："我知道，你总是刻意回避谈自己的父母，逃避不是最好的办法。老师想帮助你，打开你的心结，你想好了再跟我说。"我给了他一些准备和消化的时间。

终于，精诚所至，金石为开。

一个星期后，阿其约我晚饭后到运动场散步。阿其终于向我揭开了他那不为人所知的伤疤：在8—10岁的三年里，因父母感情不和，阿其的爸爸、哥哥和奶奶先后意外身亡。短短的几年时间，一个开始对人生有一定思考的孩子，竟然眼睁睁地看着自己的至亲一一离去。上苍对他如此不公平，他很恨。但是，恨谁呢？他不知道。一切的一切，只能深深地烙在他的心里，就连他的妈妈也难以进入他的内心世界。

听到这些，我的心似乎停止了跳动，周围的一切似乎也凝固了一样，安静得能听到眼泪砸在地上的声音和心里滴血的声音。

我庆幸自己没有放弃这个孩子，更加庆幸自己有着教育者的良苦用心。那天晚上，我们聊了很久。我们从过去聊到现在，再聊到将来，从残酷的现实聊到人生理想，从社会责任聊到人生价值……那天晚上，阿其的心结终于被我打开了，我终于看到了阿其那久违的笑脸，听到了他那朗朗的笑声。我终于成功地引导阿其打破了他心中的魔咒。

"随风潜入夜，润物细无声。"教育虽无痕，却有着惊人的力量；润物虽无声，却能"于无声处听惊雷"。这个故事让我更加深信，教育是一个慢成功的过程，教育者不能心急，不能急躁，特别是对那些被定性为"问题生"的孩子。只要我们坚持心中那份对教育的爱心、耐心和细心，只要不放弃，任何"问题生"都会向我们敞开心扉，我们就能引导他们成为一个健康、快乐的人。

打开学生心扉的方式多种多样：有一些学生需要老师主动帮助他们打

开，而有一些学生则时不时地制造一些"事端"让老师"有机可乘"；有一些学生适合用老师设计的方式去打开，而有一些学生则适合顺着他们自己的方式去打开。下面给大家分享一个来自我的同事的教育故事，她就很巧妙地顺势利用了学生自己的方式来打开学生的心扉。

另类涂鸦

阳江市阳东区塘围初级中学　梁艺红

  毫无悬念，这一次李威同学交来的试卷，除了名字和班别，一个字都不增，但是多了一样东西——一只功夫熊猫，摆着武打的姿势，站在试卷的背面，翻开的手心上写着数字"100"。旁边还写着一行字：老师，请把手上的字写到试卷上，谢谢！看了这份试卷，我很生气；看了这幅涂鸦，我哭笑不得。冷静下来后，我看着上面的数字"100"，陷入了沉思。

  李威平时的行为表现和儿童毫无二致，上课爱搞小动作、捣乱、骚扰同学，不爱交作业，自控能力差，且屡教不改，是一名令老师头疼的学生。我都快使出所有的招数了，均以失败告终，我都想投降了。他有一个爱好，就是乱涂乱画，课桌、书本、作业本上满是涂鸦，这次连试卷也不放过。但是，这次涂鸦有一个鲜明的主题——厚颜无耻地想要高分。莫非这表明了他内心的渴求——渴望成绩优秀？如果是，那么教育的契机就来了。我何不投其所好，跟他来一场童心大碰撞，在学习中陪他一起涂鸦，以涂鸦玩乐的方式激发他的学习兴趣？或许这样的教育方式他更乐意接受。于是，我也在试卷上涂鸦，画了满头冒汗的表情包，并写上：这是老师的冷汗。给了你100分，我会心虚冒汗的。

  发试卷的时候，李威看我的眼神里有一丝慌乱和不安。他心里肯定在想："完蛋了！按老师的严厉作风，这次又要挨批评了。"我心里暗暗发笑，脸上却不动声色，故意不看他，只在他拿到试卷时偷瞄他，观察他的反应。他看到试卷时眼睛一亮，笑容展现，一副如释重负的样子。我看到这一幕，心里顿时信心百倍。一切按计划进行。

  我找到学习委员，让他帮扶李威，督促他学习，指点他完成作业。我呢，平时则多找李威谈心，从涂鸦聊到学习。每次他交来的作业、试卷，我也在上面涂鸦并以孩子的口吻写字、和他对话。果不其然，每次发作业的时候，李威都迫不及待地打开作业本看我的留言。他爱上了交作业。在课堂上，我也挑一些他力所能及的问题来提问他，增强他学习的信心。只要他有些许进步，我就在课堂上及时表扬他。渐渐地，李威喜欢上跟我聊天，上课也不再睡觉，不再骚扰同学了，而是认真听课，有时还积极回答问题，还会主动跟同学讨论学习问题，主动向我请教。

　　苏联教育家苏霍姆林斯基说过："童心使我们能够和孩子融为一体。"在教育中种下童心，让孩子体会到老师的爱，让老师体会到孩子的快乐。当老师与孩子的心灵融汇在一起的时候，教育就进入了最佳境界。

没有说出口的早恋教育

每一个孩子在成长过程中总会出现这样或那样的思想、行为等方面的问题，正是这些问题让我们师生之间有更多的交集，也让教育的作用显得更加重要。

学生高三毕业了，他们想我的时候就给我打电话，我想他们的时候就翻看他们留给我的最珍贵的东西——相片和毕业留言簿。那一张张笑脸是我最珍贵的收藏，那一页页心情表白是我永远的财富。今天，我再次翻看留言簿，一个学生的一段话"有些事、有些情，不一定要说出来，彼此意会就足矣"重新勾起了我的回忆……

这个学生是一个很乖巧且成绩较好的学生。高二开学后不久，她竟然堕入情网，深陷早恋的泥潭，最后还被学校领导抓个正着。根据我校"五条戒令——侮辱老师、顶撞舍警、夜不归宿、男女关系密切和打群架"的有关规定，在这个风口浪尖上，她将面临被学校勒令转学的处理。在接下来的一段时间里，她和她的家人整天都在泪水中度过，但是她宁愿痛苦流泪，也不肯听从亲人的劝说，转去新学校读书，她求父母向学校政教处求情，请政教处收回成命。这一切都是我在与她的家人的多次通话中了解到的，我也了解到她对这件事情的认错态度非常好。

这件事发生后，每当闭上眼睛，我就能听到她父母无奈的哀叹，看到她父母近乎绝望的眼神。我有一种预感，如果此事不能很好地解决，她恐怕会因此而一蹶不振。我多次自问：这是我想要的教育结果吗？不是的，我心里不断地否定。李镇西校长曾说："教育者要善于捕捉偶然的教育机会，偶然的教育机会能让我们'扭转乾坤'，坏事不一定就是坏事。"是的，我决定抓住这个偶然的教育机会，充分利用这个负面事件进行正面的教育。为了挽救她，我第一次向学校政教处求情。由于我为她做了担保，学校勉强同意了她和家人的诉求，她可以继续留在学校读书，但是她必须保证不再犯任何错误，否则将被学校永远开除。

她在家里接受了两周的家庭教育后，得以返校上课。

在成长过程中，试问谁不会犯错误？有些人却在同一个问题上屡屡犯错，特别是涉及爱情时。对处于青春期的少男少女来说，爱情实在太诱惑人了。我担心就算她本人不会重蹈覆辙，其他学生也可能会模仿她，于是我决定好好地跟孩子们聊一聊这个话题。

在她返校上课之前，我首先与她进行了一场朋友式的平等对话。目的有五个：①了解她对这件事的认知态度，再决定是否正式接受她回校上课；②了解这件事对她的心理影响有多大，再决定需不需要请心理老师对她进行心理辅导；③引导她真正认识到早恋的危害并做深刻的教育；④鼓励她在全班同学面前做一次深刻的检讨，由此帮助她获得同学们的谅解；⑤帮助她勇敢地面对他人异样的眼神，重新点燃学习的斗志，重拾对生活的热情。

一见面，我明显感觉到了她的担心、不安和不好意思。当晚，我没有责备她，我相信她在家的两周时间里已经够煎熬的了，也相信每个人都有自我修复的能力，所以我主要是帮助她进行心理重建，让她接纳已发生的一切，并勇敢地活出自己。怎样评价我们俩谈话的作用呢？用她自己的话来说，就是："您的话就像一个响耳光，把正处于迷茫期的我打醒了；它又有指南针的作用，让我看到前方和希望。老师，谢谢您，这次谈话让我永生难忘！"

我们俩会面的效果很好，我决定在她正式进入班级之前实施下一步计划。

说实在的，这件事情对我触动很大，我平时比较看重学生的成绩，极少对他们进行思想引导和青春期教育，从未触及早恋这一话题。

接下来，我决定利用早恋事件召开一节主题班会，主题就定为"鹤顶红花苞"。在召开主题班会之前，我小心谨慎地对学生进行了明察暗访，探访的结果令人担忧，不少学生认为早恋很正常，不会影响学习，我们班还有几对正在"眉来眼去"的。哪个少年不钟情？哪个少女不怀春？青春期的少年、少女倾慕异性是正常的，但是他们行动起来早恋就不好了。当然，这一切都是我道听途说得出的结果。我不能强硬地批评这种行为或迫使他们承认有早恋行为，否则不仅不能达到预防早恋的教育效果，还会弄巧成拙。

阳春三月，我家里阳台上的鹤顶红花有一些正含苞待放，有一些已经娇艳盛开，美丽极了！我决定利用鹤顶红花来给学生上一节班会课。

班会课开始时，她藏在教室外面的角落里。我没有直奔早恋这个主题，而把自己种的最爱的一盆含苞欲放的鹤顶红花摆在讲台上，问："同学们，这花鲜艳吗？""鲜艳！"我又问："美丽吗？"学生们又异口同声地说："美丽！"学生不知我葫芦里卖的是什么药，他们面面相觑。我接着又问："现在我把它摘下来，它还能继续长大吗？"我刚想出手把花苞摘掉，全班学生大喊起来："老师，别毁了它们！"我收起笑容，一脸严肃地说："花苞太美丽、太诱惑人了，我不想耐心地等待它盛开，我想现在就摘下它。"说完，我不等学生做出任何反应，就迅速地把一个含苞待放的花苞摘了下来。

这时，全班学生都安静下来了。我看见一些女生低下头，我也强忍着泪水，保持着表面的平静。正当大家沉浸在那种不舒服的氛围中时，一个女生大胆地站了起来，说："老师，我们都知道您想说什么，请您原谅不谙世事的我们吧！青春无限好，只是被个别同学辜负了。在此，我向您保证，高中阶段我绝对不会踏入早恋这个禁区。"其他学生也跟着附和。"我们恳请老师为她向学校求情，给她一次机会，原谅她的过错。"另一个学生站起来为她说话了。这正合我意，因为这是让她回来的最好台阶。我故作气态，说："一个人犯了错误就得敢于承担一切后果，校有校规，国有国法，难道我们要等到犯了法才醒悟过来，再向法律求情吗？"有一个学生说："老师，不会的，请您相信，我们会为自己的人生负责的。要不然，我们给您写一份保证书，如何？"他们竟然拿人生与我谈起条件来了，我真是又好气又好笑。

学生已经做到这一步，我如果再不帮这个忙就显得太不近人情了。于是我顺水推舟地、大大方方地邀请她进入教室。她声泪俱下，当着全班同学的面表了态，声音里饱含着感动、后悔以及希望。

在这节班会课上，我并没有说出"早恋"这两个字，但是学生们已明白一切，并向自己的青春做出承诺。是的，我们在人生的不同阶段，都应该有所不为，如此才能有所为。不逼学生一把，他们还真的以为在青春期可以胡来。

李季教授曾说："教育是一种心态，有些人觉得身心疲惫，有人却教出幸福。疲惫感与幸福感全在于你怎么看待学生所犯的错，请允许学生犯错，因为犯错也是一种成长。"

教育千万别先入为主

在教育教学过程中,你是否犯过先入为主的错误?我犯过,还被故事中的主人翁好好地反教育了一次。

小论同学是一个"双差生",他的问题真是"罄竹难书",缺点有一箩筐:上课睡觉,不服从老师管理;不爱学习,成绩差;经常迟到,不听劝告;有啥说啥,经常祸从口出;性格冲动,经常动手打架;以自我为中心,不关心集体……他在谁的班,谁就不得安心。

高二重新分班时,他的家长听说我管理非常严格,就找校领导硬把他塞到我的班上。我想,既然家长和领导都那么信任我,怎么好推辞呢?我虽然二话不说就接纳了他,但是心里还是非常担心的,不知道他什么时候就给我捅娄子。我的担心不是没有道理的。开学第一周,我每天晚上都巡察宿舍,还好大家都按时安心地睡觉。第二周的某个晚上,宿舍管理员的一个电话使我不得不从睡床上爬起来。他终于不让我安睡了!

原来,小论在睡觉前跟其他班宿舍的男生发生了冲突,那些学生把他拉进他们的宿舍,打了他,但是那些男生不承认打了他。因为宿舍里没有监控,所以大家都不知道发生了什么事情。无论如何,小论已屡屡违纪,又参加了这次打架,所以学校政教处准备严肃处理他。但是,小论毕竟是我的学生,又遇上了我这个心慈手软的班主任,我不希望在我还没有真正对他实施教育之前就失去教育和引导他的机会,所以我决定在违纪处分公布之前为他争取最大的机会。因为我的"徇私",小论安然地留在学校上课。我不知道这样做对他来说是好事还是坏事,但我就是想保护他,我也不能肯定他能否感受到老师对他的偏爱。

就这样,在我的严格管理下,这小子没有以前那么放肆了,但还是"外甥打灯笼——照旧(照舅)",没有突破性变化。

不过,我相信,功夫不负有心人,该发生的事情还是会发生的。

一天晚上,学校统一召开全校学生大会,高二学生集中得比较迅速,很快就坐下来了,但是其他年级人多,集队比较慢,他们到齐时还有一部分学生没有塑料凳子。集队老师在广播里提示:每人一张凳子,请同学们把多余的凳子、叠着坐的凳子拿到本班队伍的前面,学生会干部会去收集。很多学生自觉地拿出了多余的凳子，但还是有个别学生没有凳子坐。于是班主任从本班队伍前头走下去检查。当我走到小论面前时，他满脸笑容地从自己的屁股底下抽出一张凳子向我挥动。我非常惊讶，也很想发火，因为广播里已经喊了许多遍"凳子不够"，他竟然还做这样的事情。我心里想："你这个家伙，又做违纪的事情，真是死性不改，看我怎么收拾你。"看着这么多人，我先把火压了下来，坐到他身边，准备好好地教训他一番。

我非常生气地对他说："你真是令我失望，为什么不把凳子拿出来？你一定要这样为难你的老师吗？你就是烂泥扶不上墙。"对我这一次的批评，小论没有像以往那样伸长脖子争辩，他应该知道自己又闯祸了吧。他露出很难过的样子，低头不语。我刚想接着批评他，他身边的同学说："老师，你不要批评小论了，你误会他了。"我一听更加来气了，竟然怀疑我的做法，我差一点忍不住跳了起来。"老师，小论看见你没有凳子坐，就想给你留一张。"身边的同学在我跳起来之前来了这么一句。我一听，愣住了。真的吗？我怀疑自己的耳朵听错了。我看向小论，看到他眼里闪着泪花。

我立即冷静了下来，知道自己伤了他的心。虽然他不把凳子交出来的做法是不对的，但是他心里想着班主任，是担心班主任站着辛苦才这样做的。我却先入为主地断定他又违纪了，所以才会认为他所干的事情一定不是好事。我转头四处看看，发现很多班的班主任都站着。我真是太武断了，为什么凭着学生过往的表现就断定他不会改变、不会感恩呢？我为自己的武断而向小论道歉，还表扬了他的行为。小论微微一笑，还拍了拍身边的小伙伴，他们一起笑了。

散会后，小论竟然主动留下来搬凳子，很多学生的眼睛瞪得大大的。我和他会心一笑。

"凳子事件"是一个偶发事件，这类事情时有发生，好在我及时发现并纠正了不当的处理，让一个可能发生的不愉快的教育事故转化为温暖的教育故事。

这个事件发生后，我没有那么讨厌小论了，我眼里看到的他反而都是好的。小论在得到老师的肯定和积极关注之后，做事更加积极了，特别是在劳动的时候，他总是忙前忙后，每一次劳动后都是大汗淋漓的状态。我知道他应该很累，但是他很开心，他的笑容是那么的真诚。

我要感谢这个小事故，它让我捕捉到了一个难得的教育契机，也让我重新审视了自己的教育观，更让自己得到了很大的成长。陶行知先生说过："你的教鞭下有瓦特，你的冷眼里有牛顿，你的讥笑中有爱迪生。"通过这件事，我明白了这样的道理：对于那些像小论一样屡犯小错误的学生，当看到或者收到他们违纪的信息时，我们不要先入为主地断定一定是他们的问题，不妨给他们一个申诉的机会，听听他们内心的声音；当批评学生时，我们一定要就事论事，而不要全盘否定学生其他良好的表现；当想帮助学生改正错误时，我们不妨跳出问题看问题，跳出问题解决问题，不要总是盯着学生的问题不放，而要引导他们从问题中吸取教训，客观看待事情的两面性，更要让学生看到自己的未来和希望。

我想，这就是有灵魂的教育。有灵魂的教育是让犯错误的学生有勇气改正缺点、有信心渡过难关、有兴趣探索未来的教育。

第三章　许给学生一个有温度的校园故事

坐下来沟通，我的教育亮了"绿灯"

　　我曾在网上看过一个小故事，题目是《蹲下来和孩子讲话》，故事讲述的是在一个圣诞节的晚上，一位年轻的妈妈带着五岁的女儿去参加圣诞晚会。晚会很热闹，有丰盛的美食，还有来自圣诞老人的礼物。妈妈兴高采烈地和朋友们打招呼，不断地领着女儿到晚会的各个地方。她以为女儿会很开心，但女儿几乎哭了起来。妈妈开始还很有耐心地哄着，但多次之后，女儿坐到地上，鞋子也甩掉了。妈妈气愤地一把把女儿从地上拉起来，训斥之后，她蹲下来给女儿穿鞋子。在她蹲下来的那一刹那，她惊呆了。她眼前晃动着的全是大人的屁股和大腿，而不是自己刚才所看到的笑脸、美食和鲜花。她明白了女儿为什么会不高兴，她蹲下来的高度正是女儿的身高。

　　这个故事给了我深刻的启示：我所教的学生是高中生，虽然他们和我一样高，甚至比我还要高，但是我们的心理高度是不一样的。很多时候，老师所看到的不一定是学生真实的一面，老师的教育想法也不一定适合学生的实际需要。看到这个故事，我想起了我办公室里放着的两张凳子，它们是我和学生谈话时的"坐骑"。我现在终于明白为什么我们的谈话都是畅通无阻的，原来好的教育效果是源于老师对学生的尊重。我也想起了这两张凳子的主人，那个天不怕地不怕的陈晓文。

　　陈晓文是我高二时所教的一个名气极大的学生，他的梦想就是做黑社会老大（这是陈晓文信任我之后告诉我的）。

　　我和晓文的故事还要从开学第一周说起。开学第一周，晓文所有的霸道劣习都展现在我面前：教室是旅馆，他爱来不来，来了要么在教室里睡觉，要么在偷偷地玩手机；坐在他身边的同学特别安静，没有谁敢吵他，否则轻则挨骂，重则挨打；第一周就因与同班同学打架而被学校记过处分。这样一个劣迹斑斑的学生，我原打算观察一段时间，了解清楚他的状况后再对他进行教育，但是第二周他变本加厉，严重扰乱课堂秩序，我接到老师和学生对他的投诉达 N 次，真是算不过来。我实在看不下去了，就把他叫到办公室里，准备教育他一番。

　　当时正值课间，很多老师都在办公室里。一进级组室，晓文就斜眼看天花板，并抖动着一条腿。晓文嚣张的态度令我火冒三丈，为了压住他的气焰，我大声地呵斥他，让他蹲下。晓文的倔脾气也来了，他死活不肯蹲下来，还吊高嗓门与我争论了起来。我根本无法与他进行有效的沟通、对他实施有效的教育，如果继续僵持下去，我也不知道会发生什么事情。我强行让自己静下心来，上课铃响之后，我让晓文回教室上课。晓文如同胜利者一样大摇大摆地走出办公室。看着他离开的背影，我很无奈，但是我更清楚地知道，此时的我们不适合再继续聊下去，冷处理才是目前最好的办法。

师生的第一次正面交锋深深地埋在我的心底，我与晓文之间亮起了"红灯"。这一次的交锋也引发了我的思考：为什么老师想给予学生爱，学生却不接受，甚至还不认可、不尊重老师？怪不得有人说，"世界上最悲哀的不是生与死，而是我就在你的身边，你却不知道我爱你"。

后来，在教育实践和反思中，我终于意识到问题产生的原因。原因就在于我们师生之间的沟通是居高临下式的不平等的沟通，甚至有个别老师就是让学生蹲在地上与站着或坐着的老师谈话。为了防止没有空椅子给学生坐，我在办公室里特意备了两张特别的凳子，保证我的学生能够坐下来平等地与我沟通。

沟者，构筑管道也；通者，顺畅也。沟通的目的是让对方达成行动或理解你所传达的信息和情感。良好的沟通是说对方想听的，听对方想说的。我所说的坐下来沟通不仅是指师生真正地坐下来说话，更是指沟通双方在人格上的平等。那么，在平等的沟通中，我们要注意哪些问题呢？

（1）选择合适的沟通空间，为学生提供一个敞开心扉的场所。当在教育中发现问题的时候，老师最好不要急着当场教育学生，而应该选择一个没有第三者在场的清静的地方，慢慢地引导学生打开心结。例如在上面的案例中，我选择在课间找晓文谈话，当时很多老师在办公室里办公，怪不得晓文一进来就立即嚣张起来。其实，这是对这种令他在大众面前没面子的做法的一种抗议和对自己的一种保护。后来，与晓文交流时，我会选择在人很少的办公室或校园内的其他角落，他的态度也好了很多。在合适的时间、地点做合适的事情，才能取得良好的教育效果。

（2）创造平等的对话方式，给学生一种心理平等的感觉。在师生交流中，我们应尽量不要让学生产生不平等的感觉，否则沟通就无法有效进行。至今，我的办公室里一直放着两张特别的凳子，那是我与晓文交锋后的亡羊补牢之举。我坐在凳子上倾听学生的心声，学生坐在凳子上向我倾诉他们的心声。平等对话时，学生的话匣子自然而然就打开了。

（3）对于学生的倾诉，班主任要扮演好倾听者的角色。中学生正处于易变、躁动的青春期，学习压力大，竞争激烈，他们难免会积累许多负能量和心理垃圾。这时，他们需要一个出口来倾倒心理垃圾，宣泄心理压力。老师就是他们的垃圾篓、慰藉心灵的鸡汤。晓文与我交锋之后，逐渐感觉到我这个班主任是一个诚心想帮助他的人，所以他一有烦心事就会主动找我倾诉。有时候，他没有说具体是什么事情让他烦恼，特别是每周星期天晚上回校，他总是表现得特别烦躁不安。后来我了解到，他周末放假时总是忍不住和以前的那些社会混混一起玩，他爸爸总是唠叨他，他也意识到这样不好，但就是控制不了自己。周日晚上返校时，他的身体回到了学校，但是心还在外面。所以，每个周日晚上，我无论多忙都会放下手上的工作，认真倾听晓文的苦恼，并及时给予他指导和安慰。与其说我在关注晓文，还不如说我在跟不良的社会混混争抢晓文。也许正是这样，晓文才坚持读完了高二。后来，我没有跟上高三，晓文就退学了。

（4）对于学生的谈话内容，班主任要有同理心。所谓同理心，可以分三个层次理解：一是能站在他人的角度去感知和体验他人所感知和体验的自然环境和社会环境，我们需要努力从学生的位置和角度看世界、体验世界；二是知道和理解他人为什么这样感知和体验；三是能把自己对他人的感知和体验传达给对方。我们在表达同理心时，不要将其演绎为同情，因为同理心是你站在对方的立场理解对方的心情，而同情则是一种居高临下的心情和态度；不能让同理心成为赞同，因为同理心是一种"我维护你说话的权利，我努力理解你说话的内容，但我不一定同意你的观点"的态度，而赞同则是一种明确的表态。正是因为我的沟通态度得到了晓文的认可和信任，他才经常把心里的秘密告诉我，以至于把想做黑社会老大的想法也告诉了我。我知道，他不是随便说说而已，他是真的有此想法。

经过与我一年的相处以及我对他的引导，晓文变了，从一个性格暴躁、不会与同学相处的人逐渐变成一个开朗、爱笑的学生，从一个拒绝与老师、父母交谈的孩子变成与老师无话不谈的人，从一个颓废的少年、不爱学习的问题学生变成勤奋好学、确立了大学目标的人。正是因为他的心态发生了很大的变化，他的学习也有了很大的进步，其学期末的考试成绩排名从原来的年级第1700多名上升到了第1100多名。

精诚所至，金石为开。坐下来的平等教育，终于让我的教育从原来的"红灯"变为现在的"绿灯"。

从晓文这个教育案例中，我得到了许多启发：教育有个性、脾气暴躁的学生时，我们不能急于求成，不能硬攻，而要讲究策略和方法。作为教育者，我们不用特意牺牲什么，只要做一个认真负责、有教育智慧和情怀、公平对待每一个学生的老师就行。

第三章　许给学生一个有温度的校园故事

网瘾少年变形记

每当听到学生因不堪学业或家庭重负而离家出走或者自杀时，我心里总是非常难过。生命是如此珍贵，却又如此脆弱。教育赋予我们的使命究竟是什么？我们如何才能更好地帮助孩子顺利地度过青春期呢？

回想起10年前高三开学时，我接收了一个在高一、高二阶段曾转读两所学校的具有特异心理的男生，他叫小建。初次见面，是小建的父母带着他过来的。小建给人的感觉怪怪的，他留着长长的头发，长发可以遮住半边脸。长发下若隐若现的眼睛大而无神，他眼神总是闪躲着，不敢与人对视。他说话时，声音很小，身体会颤抖。他为什么会这样呢？第一次与他接触，我心里就充满了疑惑。第一次会面，主要是小建的妈妈跟我交流，爸爸基本没有说话，小建也很少说话。

这个孩子怎么啦？父母都是当地人，工作也没有调动，小建为什么会频繁转学？直觉告诉我，这个孩子一定有着不同寻常的成长经历和故事。

带着疑惑和不解，我与小建的父母展开了第一次对话。

小建的妈妈断断续续地给我描述了他的成长历程：小建从小就很聪明，读小学时曾参加各类比赛并获奖，他的转折点出现在初一年级。在读初一之前的那个暑假，邻居家的大哥哥买了一台电脑用来玩游戏，小建也跟着大哥哥一起玩。玩呀玩呀，他竟然玩得比大哥哥还要好。玩游戏经常赢的喜悦让小建的心理大受刺激，他从此深深地喜欢上了这个神奇的游戏。小建不再满足于去邻居家玩，他求父母给他买一台电脑，还主动向父母承诺，买了电脑，他一定好好学习，并且保证学习成绩排在全级前列。

那个暑假，小建每天疯狂地玩电脑游戏。他刚开始还能听从父母的劝告，有节制地玩，但是到后来竟然不分昼夜地疯狂地玩，无论父母怎样劝说都无效。爸爸开始责骂孩子，而妈妈是一个心慈手软的人，看见孩子受苦，只会在一边爱莫能助地哭泣。对一个沉迷于网络游戏而不能自拔的孩子来说，爸爸的责骂显得苍白无力，妈妈的哭泣根本无法触动他的内心。

后来，为了逃避爸爸的责骂，小建学聪明了，他不在家里玩，而偷偷地到网吧去玩。当初二的班主任把一张张不及格的试卷拿给家长看时，小建的父母惊呆了，这是他们曾经引以自豪的儿子吗？此时，他们才真正意识到问题的严重性。经过严加盘问,他们知道小建有时候会逃课到网吧玩游戏。渐渐地,爸爸用暴力抽打代替了必要的沟通交流。只要孩子不听话,爸爸就用棍棒抽打他,甚至为了约束小建,不让其外出玩游戏,爸爸还试过用铁链锁住孩子,不让孩子自由外出,以至于小建在挣扎、反抗时吼出要"杀死爸爸"这样失去理性的话。

可恨的铁链不仅锁住了孩子的人,也把孩子的心给锁住了。从此以后,小建变得对什么事情都不感兴趣,精神萎靡不振,再也无心上学,甚至陷入严重的"习得性无助"状态。

其实,小建的记忆力超好,他只在初三的最后一个学期认真学习了一把,就考上了多所高中。但是,他成了一个"空心人"。他在高一、高二时转读了两所学校,依然没有对学习产生兴趣,甚至高二有很长一段时间,他还停学在家待着。

这个孩子的家庭教育对他伤害太大了。在接纳小建成为我的学生的同时,我决定好好地研究小建。经过一段时间的观察和分析,小建变成这样的原因逐渐清晰。

(1) 父母没有对孩子进行有效的疏导。"冰冻三尺,非一日之寒。"绝大多数孩子对新奇的事物充满好奇,愿意去尝试新鲜的事物,小建也不例外。但是,凡事都要有一个限度。当小建不能把握玩的限度时,小建的父母做了什么呢?从家长的谈话中,我发现小建的父母错失了很多对他进行教育疏导的关键时机,比如,在小建刚接触网络游戏时,他们错失了第一个教育时机。当时网络游戏正在兴起,即将上初中的学生正处于对新生事物感兴趣的探索阶段,喜欢探索新鲜的事物本无可厚非,但是父母没有意识到网络游戏可能带来的负面影响,还给孩子购买电脑。第二次错失教育时机是在小建不分昼夜地疯狂地玩网络游戏的时候,当时父母只会责骂孩子,没有对孩子进行有效的疏导。第三次错失教育时机是在发现小建逃课上网玩游戏、成绩严重下降的时候,亲子之间根本没有理性的沟通,爸爸只会粗暴地抽打孩子,甚至锁住孩子,让他无法自由活动。我们在整个过程中没有感受到父母对孩子的帮助和爱护,只看到了父母对孩子的控制与失望。

(2) 长期接收不良的反馈。小建原本是一个聪明的孩子,读书成绩良好,但是他在成长过程中遭遇自己难以解决的问题时,没有得到老师和家长的合理疏导,不知道正确的做法是什么,反而收到了爸爸粗暴抽打的不良反馈,最终由于爸爸的不恰当处理,产生了消极的心理暗示,认定自己是一个失败者，并以消极的方式对待学习和生活，从而陷入"习得性无助"状态。

因陷入"习得性无助"状态而产生的绝望、抑郁、意志消沉、心理偏差等，正是许多心理和行为问题产生的根源。这些消极情绪导致小建学习能力下降，而学习长期处于不良状态又导致小建非智力品质的弱化。后来，就算小建曾经努力过，也已经无法恢复到最好的学习状态。加上他的爸爸一直以来对他的否定，而妈妈也不能很好地帮助和保护他，所以他甚少体验到成功的快乐。长期被忽视，他便逐渐丧失了自尊心，破罐子破摔起来。

（3）自己不正确的归因。"习得性无助"现象产生的主要根源在于一个人的归因方式。小建的问题产生的主要原因是他沉迷于网络游戏，而没有正确地归因，也没有及时纠正错误，反而越陷越深。在一次次被否定后，他曾试过努力做好，但是效果不明显。这导致他的学习不能恢复到最好的状态，并使他从心理上认为造成他学习、心理问题的因素是内在的、稳定的、不可控制的因素。于是，他极易感到内疚、沮丧和自卑，认为无论尽多大的努力，都难以提高自己的学习成绩，恢复到被大家称赞的状态。所以小建会降低学习动机，放弃做尝试性努力，产生得过且过的心理偏差。

事情已经发生，再追究过去已经没有实际意义。与其纠结于过去，不如面对现实并找到合适的解决办法。我与家长共同研究并制定了解决问题的方法。

（1）全面了解学生，教育从攻心开始。《孙子兵法》有云："攻城为下，攻心为上。"对小建这个性格内向且自卑的学生来说，他肯定把所受的委屈全部埋藏在心里，让他开口就是教育的关键。所谓知己知彼，百战不殆，通过艰难的沟通，我了解到读大学是他一直都没有放弃的梦想，网络编程是他的理想工作。

其实，只要我们用心去做一件事情，教育的契机就是无处不在的。我每天都仔细地观察小建，了解他感兴趣的人和事，甚至引导其他学生关注他所关心的事情。渐渐地，小建放松了戒备，向我们敞开了心扉。原来，他非常清楚沉迷于网络游戏的弊端，也不想沉迷于网络游戏，而想考个好成绩，但是他气自己的父母既不了解网络游戏，也不了解他，硬是扼杀了他的兴趣，所以他故意表现不好，故意气自己的父母，故意与父母对抗。

（2）帮助家长改变认知，缓和亲子关系。在教育中，常常会出现

"5＜2"这样的现象。"5＜2"就是说,学生在学校接受5天的教育,回家2天就抵消了教育效果。为了巩固教育效果,班主任的教育对象除了学生,还有家长。班主任要想办法帮助家长改变不合理的思维和行为,帮助他们构建新的教育理念。

苏霍姆林斯基曾说:"没有比让母亲和父亲学会如何教育儿童更为重要的任务了。"老师就算做得再好,也始终不能取代父母在孩子心目中的地位。所以,帮助小建父母改变教育思维势在必行。对于小建沉迷于网络游戏的问题,小建的父母除了实施"棍棒教育",没有想到更好的策略。我建议小建的父母看《如何做孩子的老师》和《青春期的问题与教育策略》等书,看完书后再与孩子进行推心置腹的交流,以同理心来理解孩子,通过换位思考来谅解孩子。

(3) 找到孩子行为背后的动机。我们知道,每一个行为或事件的背后都有一个动机,教育者要找到学生不良行为背后的动机。我们不妨想一想:小建为什么喜欢网络游戏?网络游戏为什么能吸引他?他玩游戏经常赢,我想,这应该是他喜欢玩游戏的主要原因。他喜欢赢的感觉,想得到别人的认可,难道这样的动机不能得到大家的谅解吗?

(4) 寻找学生的闪光点,帮助他们增强自信心。每个人都有自己的闪光点,也都有自己的缺点。当学生表现出来的缺点比较多的时候,他的闪光点就会被遮盖,老师在教育时也容易一叶障目,所以我们在教育中要经常提醒自己关注学生的闪光点。对于小建,我就充分关注了他的闪光点。一旦发现小建有一点点的进步或者积极的表现,我就大力地表扬他,放大他的闪光点,让他体会到被肯定、被尊重的快乐。例如有一次搞大扫除,我特意把打扫天花板的蜘蛛网这一轻松的工作安排给他,结果他很快就完成了任务。完成任务后,他走到我面前,说:"老师,我的任务完成了,还有什么需要我做吗?"他的表现让我大吃一惊。为了肯定他的积极表现,我立即又安排他与其他学生合作完成任务,他欣然接受了。事后,我在班上大力表扬小建这种积极的行为,还建议同学们向他学习。小建心里美滋滋的,他体会到了被表扬和被尊重的滋味。从此以后,一有清洁任务,小建不用我吩咐,就主动担负起打扫天花板蜘蛛网的任务,而且完成任务之后会主动帮助别人。为了激发他的成功欲望并发挥他在计算机编程上的优势,我特意安排他一周给我们班上一节计算机编程课,让他在当小老师的过程中获得被肯定、被赞美、被崇拜、被尊重的价值感和存在感。这样一来,小建不仅重拾了自信心,而且他的优势得到了应有的发挥。

（5）利用班集体的力量，发挥帮扶精神。小建性格比较内向，刚开始时不懂得如何与同学相处，也不会主动与同学沟通。我悄悄地安排了几位与他同宿舍且学习成绩好的学生对他进行帮扶，他们下课后带着小建参加班集体的课外活动，如踢毽子、踢足球、打篮球等。渐渐地，小建变得开朗了，并逐渐融入班集体，还会与同学开玩笑。他比以前更爱学习了，学习成绩比以前有了更大的进步。

小建的外形变了，他那半遮脸的、长长的头发剪掉了，他能勇敢地直视老师、与老师对话了。小建的性格也变了，他从一个不爱讲话、性格内向的学生逐渐变成一个开朗、笑得像小孩子一样天真无邪的阳光少年。小建更加自信了，从一个颓废、不自信的问题少年变成一个勤奋好学、有自信、有理想、有目标的好学生。

还记得小建的父母曾恳求过我，希望我能帮助小建读完高中，只要中途不转学、不辍学就行，考不考得上大学并不重要。然而那年高考，小建凭自己的能力考上了他心仪已久的省属大专。读大学后，小建给我发来了信息："亲爱的爱姐，如果不是您对我不离不弃，如果不是您对我循循善诱，如果不是您待我如亲人，如果不是您让我感动……今天，世界上就不会有健康、善良的小建，我可能已经是监狱里的人了……一千句、一万句谢谢都不能表达我对您的感恩之情……"

大家发现了吗？对于小建，我没有直接拿他喜欢的网络游戏开刀，而是跳出问题看问题，跳出问题解决问题。

教育，请许给孩子一个美好的未来

学生的一个鞠躬引发的教育思考

这是发生在我身上的一个真实的故事，正是这个故事深深地影响了我的教育观。

与往常一样，我在校园里与学生匆匆地擦肩而过，遇到不熟悉的学生，他们或微笑着，或低着头，或躲避着，基本上是不吭声地从老师身边走过。

自大学毕业我就回到这里教书，我对学生的沉默不语早已熟视无睹。但戏剧性的一幕就这样在没有任何预兆的情况下突然降临，一个高一年级的男生在我前面两米的地方停下来，立正站好，然后身体前倾90度向我鞠躬并响亮地说"老师好"。这真是犹如第一次在天上同时看见太阳和月亮一样，令我惊愕不已。不就是学生向老师问好这一件小事吗？为什么我会被震撼呢？为了寻找问题的答案和教育学生并引起各方面的注意，我觉得有必要把它"小题大做"。于是，我以上述故事作为背景材料与学生展开讨论。

第一个问题：你如何看待这件事？

学生的看法总结如下：

（1）老师是值得大家尊重的。我们姑且不说"老师吃的是草，挤出来的是奶""点燃自己，照亮别人"这样的豪言壮语，老师苦口婆心的无私教育、为了寻找迷失在网络游戏中的学生而日夜进行"伏击战"的行为，就值得我们尊敬。

（2）非常佩服那位同学，因为他把大部分同学想做而又不好意思做，或者认为是小事而不屑做的事情大大方方地做了出来。

（3）当今社会非常需要敢于表达自我的人，也非常需要文明有礼的人。他们会以该同学为榜样，大胆表达自我，把文明礼貌这一传统美德发扬光大。

第二个问题：是什么让你在理论上尊敬老师，而在实际行动中却又不敢表现出来呢？

学生讨论的结果包括：

（1）这是中国教育制度下重升学率、轻文明礼仪教育的结果。学生普遍认为：在校园内，他们到处可见的是宣传学习方法的专刊、表彰学习成绩优秀的学生的板报，而关于好人好事、文明礼仪、尊敬师长的宣传少之又少；在日常教育中，很多老师对优秀生和后进生的处理不一样，优秀生犯了错误就"一只眼开，一只眼闭"，不会很严肃地处理，而后进生犯了错误就毫不留情地惩罚。这些现象和做法严重影响了学生对老师的看法。

（2）家庭教育的误区。学生认为：随着社会经济的发展，大部分父母都强调儿女要做到"三好"——吃好、穿好、学习好，文明礼仪教育总被晾在一边；家里来了客人，父母一般不要求孩子去打招呼，长期以来，孩子就缺乏主动打招呼的积极性；家里有好吃的，父母让孩子先吃、多吃，所以孩子从小就养成了一种不顾及他人感受的不良习惯。

（3）这是缺乏勇气，不敢大胆表达的结果。学生认为：老师总是一副高高在上、来去匆匆的样子，有时学生还没有打完招呼，老师就已经不见踪影了，所以他们觉得很尴尬；家庭和学校教育都经常强调孩子要乖乖听话，孩子只要有一点越轨行为，就会被控制，这是他们不敢大胆直言的重要原因。

听了学生的一番话，我清醒了许多。虽然学生的看法不一定全对，但绝不是完全没有道理。也许很多人认为文明礼仪教育是一件小事，孩子长大后自然就会了，没有必要"小题大做"，从而忽略了它的存在，忽略了它的重要性。

文明礼仪教育是值得全社会重视的，因为它能折射出人的内涵。从个人修养的角度来看，文明礼貌是一个人内在修养和素质的外在表现。这件事发生之后，我反思了自己的教育观念，重新调整了培养学生的思路和内容。

礼在中国源远流长。从《论语》中的"非礼勿视，非礼勿听，非礼勿言，非礼勿动"到《礼记》中的"道德仁义，非礼不成，教训正俗，非礼不备"，从古时候"以仁化礼，克己复礼"的礼制到今天的礼尚往来、礼节、礼貌，礼无处不在。我要让学生知道，儒家思想中礼的精髓在于敬老爱幼、兄弟礼让、尊师爱徒，礼之博大精深，古人之谦逊、互爱、尊师、敬老等，一直为世人所赞颂。

其实，学生言行举止文明礼貌，应该是师生相互作用的结果。为了让学生有榜样可学，有人可以模仿，我决定亲自给学生做示范，做到言传身教。

（1）树立平等的教育思想。我以前一直以为老师应该高高在上，学生应该以老师为尊，却没有想到师生在人格上是平等的。为此，我决定放下老师的架子，在人格上把自己与学生摆在平等的位置上。

（2）在实际行动中，师生要平等对待彼此。学生已经习惯不与老师打招呼，改变这个习惯是不容易的。为了改变这个不良的习惯，我跟我的学生约定，从我们班做起，每个人课间轮流去各个楼层偶遇老师，并大声地跟老师打招呼。为了说服学生，我在行动上做到率先垂范，无论是在教室里还是在校园内，与学生相见时，我都会主动喊出他们的名字，就算是不认识的学生，我也会微笑着点头致意。经过一段时间的观察，我感觉学生的思想开放多了，很多学生会自觉、主动地与老师打招呼。这个行动开展之后，我成了那个收获最大的人——全年级的学生看见我都会亲切地喊"爱姐好"。

经过几年的实践，我明显感觉到我们学校的学生在改变，他们变得更加文明、更加理性。其实，在教育这件事上，老师与学生是相辅相成的：老师教育了学生，学生成就了老师。

第三章　许给学生一个有温度的校园故事

爱的真正含义

　　我曾教过一个很特别的学生，他叫小齐。有老师这样调侃他：你做事很特别，同学上课，你睡觉；同学睡觉，你上网玩游戏；同学说向东，你偏爱往西；老师布置作业，你连抄写都懒得动。我知道，班上的学生都不喜欢他，老师也拿他没办法。我呢？我当时对他很严格，以为严师出高徒，严格要求他就是为他好。在这个快节奏的竞争社会，我没有耐心了解他行为偏差背后的原因。总之，我认为，我的班级我做主，小齐必须服从班级管理。但小齐谁也不服，还总是与我对着干。

　　就这样，小齐大事不犯，小事不断，我们还算平静地度过了一些时日。直到发生了一件事，我才明白爱的真正含义是什么。

　　高三开学三个月后的一天早上，小齐宿舍的舍长惊慌地跑过来，说："老师，出事了！""出什么事啦？"我问。"小齐不知为什么在宿舍里哭，你快去看一看吧。"我想，他上次摔了一跤，摔得青一块紫一块的都没吭一声，这次一定是发生大事了。我和几个学生快步冲向宿舍。还没有到宿舍，我们在宿舍楼的外面就听到了他的哭声。

　　当我看到头发凌乱、眼里布满了血丝的小齐的时候，我心里就像打翻了五味瓶，难受极了。其实，每个人都有自己脆弱的一面，也有自己感性的一面，只是他不会向不信任的外人展现出来而已。

　　看着悲伤的小齐，我不知道该怎么安慰他。我平时经常批评他，也总是盯着他的缺点，以至于总认为他是硬铁一块，不会受到伤害。他今天为何哭得如此凄凉？在他的成长过程中，我是不是忽略了什么？我当时不停地反思。

　　小齐情绪激动，我们无法安慰，还是让他哭个够吧。

　　十几分钟之后，小齐的情绪平复了不少。我小心翼翼地安抚他，希望他能向我们诉说一切。小齐无精打采地向我们哭诉：原来，小齐的妈妈在他六年级的时候就病逝了。现在，他与60多岁的父亲相依为命。昨天，靠打散工为生的父亲因为劳累过度而在工地出事了，需要马上输血，他感到害怕和绝望，更不知道该怎么办。

　　是啊，对出身单亲家庭的他来说，父亲就是他的天，是他唯一的依靠。如果没有了父亲，那么他的天就塌了，他也就成了孤儿。我该怎么办？我能责备他吗？我不能，班主任绝对不能做落井下石之事，而应该成为学生的坚实依靠和坚强后盾。其他同学搂着小齐的肩膀，陪着他一起流泪。我拍拍小齐的肩膀，告诉他，我们就是他的家人，会与他一起克服困难。同时，我也征求了小齐的意见，问他能不能把这件事情告诉同学们，大家一起想办法。他同意了。

于是，我把齐爸爸的情况跟其他学生说了。"老师，你说过我们是一家人，一家人就应该有难同当，我去给齐爸爸献血。"小齐最喜欢欺负的同桌第一个站起来说。接着，"我去、我去"的声音此起彼伏，全班学生都站起来表示要给齐爸爸献血。

小齐看到在他最需要帮助的时候，同学们不仅没有嫌弃他，还向他伸出援助之手，他那总是高高昂起的头低了下来，久久地抬不起来。当他抬起头来的时候，只见他满脸都是泪水。他哽咽着说："我平时那样对大家，而你们还要帮助我，谢谢啊！"小齐说完，全班学生一起哭了……

我也在学生面前流泪了。那是感动与感激的泪水，我感动于学生的善良和正义，感激学生的大爱。平时都是我给学生上课，此时此刻，我的学生却给我上了感人的一课。我恍然大悟：原来真正的爱是不计较过去、不顾得失，是以德报怨，是对生命的关怀。

那天中午，我征得家长同意后，带着学生去市中心广场，上了停在广场上的献血车，为齐爸爸献血。也许我们的行动感动了上苍，天下起了毛毛细雨，齐爸爸也因为我们的及时救助而得救了。

经过这件事，小齐好像突然间长大了。他不再任性，不再无所事事，不再做班级的局外人，他变得积极、乐观，爱管"闲事"，变得勤奋、好学，有奋斗目标了。

通过这件事，我明白了许多：很多学生表现出来的样子不是我们想要的，也不一定是他们自己想要的，那是他们的一种保护色。对于自己的不良行为，学生不是不想改，而是缺乏改的动力。做老师应该有大爱，爱一切学生，爱学生的一切，所做的一切都是为了学生。做老师要有大爱，大爱是一种付出，是一种包容，是一种教育智慧，更是一种教育力量。

第四章 许给学生一段美妙的心理历程

"人心如良苗，得养乃滋长；苗以泉水灌，心以理义养。"管理心理学认为：人的心理状态虽然受社会生活环境的制约，但是人们仍可以通过各种努力来进行预防和调适，以维持心理平衡，达到心理健康之目的。教育需要保障学生的心理健康，让学生内心充满希望，因为抱有希望的人即使身处困境，也能传递正能量。

第四章 许给学生一段美妙的心理历程

巧用心理学原理帮助学生改变认知和行为

什么是真正的教育？我一直在思考这一问题。都玉茹在著作《拿什么送给你，我的学生——追寻有"灵魂"的教育》里提出了这样的观点：教育不只是给孩子知识，不只是知识的启蒙，更重要的是思想的启蒙、文化的启蒙；不只是成绩的关怀，更为重要的是人格的关怀、生命的关怀。是的，真正的教育应该是关注人的内心、人的生命的教育，否则就是虚伪的教育。

高一开学，我班上有一个非常特别的男生，他叫陈剑。初次见面时，陈剑的头发斜向一边，衣服不对称，眼神严肃，他给我的感觉就像是网络上冷酷无情的剑客。我与他谈话时，他总是低着头不吭声，偶尔搭理我，也是神情很不高兴地小声回答。我心里想，这个学生应该不是一般的学生。果然，陈剑的妈妈后来这样描述自己的孩子：我觉得他就像一个魔鬼，每当接到他的电话，我全身都起鸡皮疙瘩，特别是向我要钱的时候，他不好好地跟我说话，而用威胁的言语来恐吓我，我情愿他永远也不给我打电话。我接老师的电话也接到怕了。但是他始终是我的孩子，无论我多么不愿意，也还是要理他的。

我真是想不到，妈妈口中的孩子竟然是这样的！为了帮助这个近乎崩溃的家庭，我向家长进一步了解陈剑的情况。原来，夫妻俩在教育陈剑的问题上没有达成一致的意见。妈妈非常溺爱孩子，毫无原则地满足孩子的一切要求，导致孩子养成了要风得风、要雨得雨的坏脾气；而陈剑的爸爸脾气非常暴躁，从来没有跟孩子好好沟通过，动辄打骂孩子。长此以往，孩子的心理逐渐扭曲，他变得越来越内向、自卑、自私、不自信，也很暴躁。同时，他养成了"两面派"人格：面对身材高大的、强势的爸爸，他不敢吭声；对温柔、弱势的妈妈，他动辄责骂、恐吓。

在这样男强女弱的家庭环境下成长，陈剑从初二开始就不再跟父母正常沟通，他唯一与妈妈的沟通就是爸爸打了他之后，他通过对妈妈大呼小叫来发泄情绪。在某次被打之后，陈剑曾发泄说要杀死爸爸，然后自杀。虽然陈剑没有杀掉爸爸，但是自此之后，陈剑再也没有喊过一声爸爸。看来，孩子对自己的父母是非常失望的。

除了听陈剑的妈妈讲他的过去，我在学校还对他进行细心的观察和研究，陈剑的形象更加立体了。随着调查的深入，我发现原生家庭对他的影响非常大。他在学校对男老师和男同学都不友好：只要男老师说他的不是，批评他不交作业，他就摆出要跟男老师打架的架势；只要男生不小心碰到他，他就跟人家急。所以，男老师都不敢惹他。但是陈剑对女老师和女生还是挺温和、友好的，他还特别听我的话。他的这个表现让我对教育他充满信心。陈剑也有优点：无论晚上玩手机玩到多晚、多累，第二天上课从不迟到，也不在课堂上睡觉；当他想玩电脑游戏时，他不会逃课，而是找个借口向我请假，回家玩个痛快；会做电脑编程，假期经常到电脑店打工。陈剑外表看起来凶巴巴的，但实际上内心善良、简单、不做作，他对老师基本上是尊重的。

在全面了解陈剑的情况之后，我觉得这个孩子挺可怜的。他被原生家庭伤得太深了，看不到自己的未来和希望，甚至还想过自杀。

鉴于上述情况，帮助陈剑改变认知，使其接纳现状，难度应该是非常大的。教育从来都不是单方面的事情，所以我为他制定了一个具有针对性的辅导方案，辅导的对象除了陈剑，还有他的父母。

我对陈剑和他的父母分别进行了改变认知和行为的辅导。首先运用ABC认知行为疗法缓解他们的负面情绪：A指的是具体事件；B指的是你对这个事件的解读，也就是事件发生时，你对这件事情的看法和信念；C就是你的情绪、行为倾向。该疗法通过帮助他们调整对事件的解读，达到缓解负面情绪的目的。接着运用"登门槛效应"帮助他们一步一步地改变自己的行为，再一步一步地实现自己的愿望。最后运用"罗森塔尔效应"帮助他们点燃希望，重拾对彼此的信心和对生命的热爱。

经过一段时间的教育和引导，陈剑的父母和他本人都有很大的改变。陈剑对我非常尊重，达到了言听计从的程度。他对男同学的态度也变得友好了，还会向同学请教问题。陈剑与父母的关系逐渐从紧张变为缓和，他理解了父母的一些做法，也会主动打电话给妈妈，和她谈学习上的事。更重要的是，他虽然还是不肯喊爸爸，但是已经消除了对爸爸的敌意。

经过这件事情，我对教育有了更深刻的认识和思考。作为有专业知识的教育者，教育性格内向、脾气暴躁且具有特异心理的学生时，我们不能急于求成，不能硬攻，而要讲究策略、方法，还要掌握专业的心理学知识。我的具体感悟如下：

（1）要充分研究和了解学生。在研究学生时，我们要摸清学生问题出现的原因，明确是家庭因素、社会因素，还是学校因素；要摸清学生的真实想法和家庭现状，做到因材施教。如果当时我罔顾实际情况，没有充分了解陈剑问题行为背后的原因，那么只会碰一鼻子灰，肯定不会有如此好的教育效果。

（2）要充分了解孩子的家庭背景。每一个问题孩子的背后都有一个问题家庭，了解、掌握家庭存在什么问题，才能更好地因材施教。孩子已经长大，家长别老以为孩子还是小学生，可以任由家长控制和拿捏。成功的教育必然是促进家长与孩子共同成长的教育。

（3）教育要讲究策略和方法。一口饭吃不出一个胖子，教育也是这样。教育要讲究方式方法，要一步一个脚印，要有耐心，要有爱与智慧。

（4）教育是为了让孩子成为更好的自己。教育的真谛是什么？教育不是控制，不是为了培养顺从者，更不是为了彰显教育者和家长的能耐。教育应该是接纳，是理解，更是为了让孩子成为更好的自己。

不要忽略对尖子生的引导

小莲是高二的一名尖子生,学习成绩优秀,在班级和年级排名前列。她从小学到高一各方面的表现都很好,乖巧听话,生活自律,学习自觉,成绩优秀,是一个"别人家的孩子"。然而,小莲在高二时突然不肯去上学,无论父母和老师怎么劝,都不肯去学校。机缘巧合下,家长找到我,向我发出了求助的信号。

存在就是合理,任何事情的发生都有合理的理由,我相信小莲不肯回校上课肯定是有原因的,这个原因将是解决问题的关键。我向小莲的父母了解她的情况,但是家长提供的信息很有限。从家长的反映中,我既没有看到他们的家庭出现重大事件或小莲发生了重大问题,也没有发现小莲有与异性交流的迹象。我还向小莲的班主任了解情况,班主任反映,小莲是一个外宿学生,她高二第一个学期在学校的表现很正常,同学之间没有矛盾,但是她高二第二个学期在上课时偶尔有打瞌睡的现象,成绩也有所下降,不过还是不错的。至于是什么原因导致成绩下降,老师也不清楚。不过老师反映了一个情况:小莲从高二第二个学期开始请假,父母为她请假的理由是她身体不舒服。后来,小莲请假的次数越来越多,最初一周请假一天半天,到后来请假两三天,6月份参加学业水平考试之后,小莲索性不去学校上课了。

小莲不肯去学校上课,家长和老师都说不清楚原因,家长也没有向老师说明小莲请假在家干什么,这肯定是有一方隐瞒了真实的情况。

小莲是一个外宿生,为什么经常请假?我的经验和直觉告诉我,应该从小莲的父母入手了解情况。我想,小莲的父母不肯把小莲的全部情况告诉我,应该是因为对我不了解和不信任,于是我诚恳地与小莲的父母聊天,与他们建立良好的信任关系。在聊天的过程中,小莲的问题及原因全部浮出水面。

小莲的爸爸是一个生意人,与小莲相处的时间很少,教育和陪伴孩子的任务就交给了妈妈。妈妈是一个家庭主妇,文化水平不高,对小莲刚开始无缘无故的请假要求有求必应。粗心的妈妈不知道小莲此时已经发出了一个变化的信号,也根本不懂得这个变化意味着什么。

后来，小莲的妈妈终于发现小莲请假是因为晚上玩手机玩得太晚，第二天没有精神上课，小莲的妈妈不敢告诉老师这个原因。以前，小莲的妈妈收缴过她的手机，小莲大闹并承诺以后会按时上学，妈妈就把手机还给小莲。从此以后，小莲更加肆无忌惮地玩手机，整晚都不睡觉，最终导致白天根本没有精神上学。

从上述案例来看，小莲是因为沉迷于手机而无心向学，最后放弃学业。家长刚开始时没有意识到问题的严重性，所以向班主任隐瞒了孩子请假的原因，导致失去了及时纠正孩子错误的有利时机。幸好家长在确实没有办法的情况下，能想到向专业人士求助。

下面，我们对这个案例进行进一步的分析。

（1）小莲的问题。喜欢玩手机游戏，经常与不认识的人联手打游戏；学习时间减少，学习成绩下降，不敢正视问题，产生逃避心理，自信心受挫；沉迷于手游，脱离了现实，喜欢活在虚拟世界里；无心向学，不辨是非，心理有点扭曲；处于心理闭锁期和同伴压力期（由于成绩下降，她感受到了来自同伴的压力，希望从手游比赛中获取自信，但是不仅没有提升成绩，没有获得自信，还加速了成绩的下降，形成恶性循环）。

（2）家庭的问题。教育孩子的重任主要落在只有初中文化的母亲身上，她对孩子的要求比较严苛，与女儿的关系不好，自己没有能力解决孩子成长中遇到的问题，也没有向班主任请教；父亲忙于生意，且对孩子很溺爱，导致孩子缺少父亲的陪伴与监管；当孩子出现问题时，夫妻俩没有达成一致的意见；父母对孩子的关心不足，认为孩子的成绩好，其他方面就不用关注太多；教育没有原则和底线，当发现孩子彻夜玩手机时，家长没有及时制止，更没有采取有效的办法帮助孩子纠正错误，最终导致孩子辍学。

（3）班主任的问题。粗心大意，认为尖子生不会出现问题；教育方法简单、粗糙，发现小莲频繁请假，她只是进行简单的询问和说服教育；家校沟通少，家长不信任班主任，未能把小莲的问题纠正于萌芽状态；小莲出现比较严重的旷、缺课问题时，没有深入帮助学生，说明老师的教育方法不足。

该案例中，要解决的主要问题是：家长教育没有底线和原则，过度纵容孩子；小莲不合理使用手机；亲子关系问题，孩子缺少有质量的陪伴。

我给家长提出了几条建议，由他们选择合适的办法。

（1）真诚的面谈。家长与小莲好好地进行面谈，了解孩子的真实想法，读懂孩子行为背后的诉求（家长说：谈不了。以前谈过，小莲根本不搭理我们，她只自顾自地玩手机）。

（2）有效的约定。家长与小莲商量好玩手机的时间，双方做一个约定，由家长监督（家长说：没有用。我们叫她白天玩，晚上睡觉，她口头上答应我们，但是我们凌晨两三点叫她去睡觉，她还是不肯睡。她已经完全不讲诚信了）。

（3）离开原环境。家长带小莲外出旅游或者一起搞活动，让孩子暂时离开熟悉的环境，放下手机，活在当下（家长说：试过叫她一起去搞活动，但是她不肯离开家）。

（4）看心理医生。从小莲玩手机的时间和强度上看，她已经患上网瘾。网瘾就像毒瘾一样，一旦患上就难以靠自己的意志力去戒掉，所以要依靠科学的方法帮助小莲戒掉网瘾（家长说：我们尝试过叫小莲去看心理医生，但是她很抗拒，我们也没有办法）。

（5）强制远离手机。在以上各种方法都试过且没有效果的情况下，可以试着强制没收小莲的手机，打破她原有的平衡感，这是最粗暴、最直接、最有效的办法。注意事项：照看好她，保证她的生命安全；让她发泄，但不能自残；在家里陪伴她，让她感受到家人对她的关爱和支持；引导她走出家门，一家人陪她到户外搞活动，让她活在当下。

家长衡量之后，决心选择第五种办法。

刚开始没收手机时，小莲的情绪很不稳定，不断地哭闹，就像一个疯子，甚至还摔家里细小的物品。家长差一点就动摇了，欲把手机还给小莲。最后他们还是狠下心来不给她，因为不狠心坚持的话，小莲的问题就会永远折磨他们，而且以后再想纠正就更难了。在我的鼓励下，妈妈坚持一周没有把手机给小莲，并小心翼翼地陪伴了她一周。第二周，小莲开始发生变化，她会跟着弟弟一起到户外骑自行车，到图书馆看书。家长和小莲终于都露出了开心的笑容。

这个案例给了我很多启发。其实，在父母与孩子较量的过程中，他们一直在观察和试探对方，双方是此消彼长的关系。父母与孩子"斗智斗勇"，孩子接收的信息量大，他们会越来越聪明（或者说狡猾）。如果父母有勇无谋或者有谋而不坚定，那么孩子总有一天会看出父母就是纸老虎，对他们没有法子，他们就会越来越肆无忌惮。所以，家长要做有智慧的父母。

这个案例给我们最大的启示是什么呢？孩子的身体和心理天天都在成

长，但是很多父母都没有跟上孩子成长的节奏，以为孩子还是小学生，可以随便哄骗和控制，当孩子出现问题时，就使用简单、粗暴的教育方法，殊不知自己与孩子的心理距离越来越远。同时，如果父母只关心孩子的成绩，导致孩子无法实现德育、体育、美育和劳育共同发展，那么孩子在成长过程中就容易产生对活着的意义的怀疑。记得北京大学副教授、精神科主治医师徐凯文曾经举过一个例子，一位高考状元在自杀未遂后说道："学习好、工作好是基本的要求。如果学习好、工作不够好，我就活不下去，但也不是说学习好、工作好我就开心了。我不知道为什么要活着，我总是对自己不满意，总是想各方面都做得更好，但是这样的人生似乎没有尽头。"徐教授认为，像这位高考状元一样的人之所以会想自杀，是因为他们的父母和老师没有让他们看到一个人怎样有尊严、有价值、有意义地活着。

　　作为父母和老师，我们在教育中要让孩子有尊严，感受到价值感和存在感，感受到活着的意义，这样孩子才会感恩、珍惜、热爱生活和生命。

破坏学生的认知平衡

作为老师，我们可能会遇到有这样认知的学生："我是流氓我怕谁。""我就这样，你能把我怎么样。"用比较通俗的话来形容这类学生就是"死猪不怕开水烫"。这类学生令老师头疼，老师如果没有一定的教育方法和教育智慧，很容易被他们搞得焦头烂额。那么，怎样教育这类学生呢？

其实，每个人都渴望心理平衡，好人做好事心理平衡，坏人做坏事心理平衡，心理不平衡就会难受。我们在教育中可以利用学生认知上的失调去改变学生。

费斯廷格提出了认知失调理论。所谓认知失调，是指做了一项与态度不一致的行为而引发的不舒服的感觉。比如，你本来想帮助你的朋友，实际上却帮了倒忙。费斯廷格认为，在一般情况下，人们的态度与行为是一致的。以戒烟为例，你很想戒掉烟瘾，但你的好朋友给你香烟的时候，你又抽了一支烟，这时候你戒烟的态度和抽烟的行为产生了矛盾，引起了认知失调。那么，我们如何运用这一理论去教育学生呢？我觉得，让学生在心理上产生认知失调最简单的方法就是适时赞美学生。

高二分班之后，我班上有一个很特别的学生，他叫晓文。听他高一的班主任说，晓文一天到晚只做一件事，就是在课堂上睡觉。他可以从上午第一节课睡到下午第八节课，他睡觉的时候又很霸道，绝对不允许旁边的同学吵到他，否则他轻则骂人，重则打人。有一天，有两个男生在课间玩闹时不小心把他吵醒了，他站起来就给人一巴掌。为此，晓文跟同学的关系很差。长此以往，老师和同学们都不喜欢他，他被同学们贴上了"坏脾气的差生"的标签。晓文自己也一直以差生自居，所以他对自己的不文明行为、违纪行为都能很自然地接纳。

晓文听说我是一个很严格的老师，开学第一周，他还没有完全了解我，平时的表现还有所顾忌。有一天，他确实熬不住了，就半睡半醒地上了一两节课。我还没有摸清晓文的情况，也不能凭着别人对他的判断就给他贴上不好的标签，所以对于他偶尔的睡觉行为，我并没有立即批评教育，只是默默地观察了他一周的时间。我想通过自己的眼睛和心去摸清他

第四章　许给学生一段美妙的心理历程

的底细，而不是听信别人的判断。

第二周，晓文频频在课堂上睡觉。我决定与他正面交锋一次，因为如果再不动手，我担心他又完全恢复到以前的状态。第一次发现他睡觉时，我只是温馨地提醒他，他也没有很大的反应；第二次看见他睡觉，我用力拍了一下他的桌子，他整个人被吓得跳了起来。他在跳起来的同时，手也举起来摆出打架的姿势，但是定睛一看是班主任，手就握成拳头垂下来了。看得出来，他很恼火。

下课后，我把他叫到级组室。他一到级组室，就摆出一副不可一世的样子，一点都不把老师放在眼里。这时，我没有发火，因为老师发火可能正合他的意，师生关系由此也会被破坏，所以我只是对他微微一笑。其实，有一些老师平时总是跟学生发火仅仅是发泄内心的不满，对教育学生没有半点好处，学生离开后留给老师的只有挫败感。所以我没有回应晓文的嚣张，而是让他站着。站着站着，晓文没有了来时的那种嚣张气焰，不知道老师的葫芦里卖的是什么药。我见教育时机成熟，就让他坐下来好好谈。我没有批评他，反而出其不意地赞扬了他一番，列举了他的几个优点：一是上课睡觉的时间少了很多；二是懂得控制自己，被吵醒时没有在班上发脾气；三是懂得尊重老师，在办公室里能够安静地站着；四是有管理能力，平时坐在他身边的同学没有一个人上课会乱说话。晓文身上表现出来的几个缺点全都被我说成了优点，我还表扬他进步了。这是晓文始料不及的事情，经我这一说，他显得很不好意思，露出了难见的笑容。慢慢地，在我的关注和赞美声中，晓文发生了变化。

在这个案例中，晓文知道自己是老师和同学心中的差生，他表现出来的言行匹配了他的人设，他的认知处于平衡的状态，所以他对自己的不良言行不会感到不好意思。而我改变了原有的教育套路，不仅没有批评他，还赞美和肯定了他的言行。我的做法改变了他原有的认知，帮他找回本该属于他的自尊。晓文的自尊水平提高了，他开始对自己的言行感到不好意思，从而怀疑自己以前的言行是否合理。

这个案例中的主人翁的改变看起来很简单，其实不是的，因为我们教育的是人，人每时每刻都会发生变化。要取得好的教育效果，老师必须足够用心并足够爱自己的学生。与其说老师有效的教育方法改变了学生，不如说老师的表现获得了学生的认同，学生因此自愿"缴械投诚"。

大考前的学生心理团体辅导

6月对高三和初三的学生来说是一个改变自己命运的重要月份。学生非常重视即将到来的选拔性考试，心理上会表现出不同程度的紧张状态。每个人的心理状态不一样，考试结果也会与平时不一样，有些学生甚至考出与平时相差甚远的成绩。所以每一年都有优秀生落榜，也会出现一些"黑马"。为什么会这样呢？其实，很多学生之间的差别不在于知识水平，而在于非智力因素，特别是心理素质。

为了帮助学生更好地调节考前的心理状态，轻松上阵，我一般会选择在大考前一个月为学生上一节赋能的心理团体辅导课，帮助学生抛开一切杂念，让他们充满能量。下面我与大家分享一节心理团体辅导课例。

阳光心态伴我同行

【活动目的】

（1）通过本节课，让学生了解自己的现状，引导学生谈论、面对、正视和接纳人生中出现的挫折，接纳发生过的不愉快事件。

（2）通过设计系列活动，让学生在一种轻松的氛围中体验和感悟人生中遭遇的挫折，在体验中探讨问题，在探讨中培养良好的解决问题的能力。

（3）通过本节课，帮助学生培养积极、阳光的心态，塑造良好的心理素质，让学生在考前能够自信、积极、健康地学习和生活，为他们的心理赋能。

（4）通过学习，让学生在行动上做一个自信且充满正能量的人，以正能量影响身边的人。

【背景分析】

在大考前一个月，毕业班的学生普遍出现焦虑、紧张的情绪，甚至个别学生严重失眠，也有学生要求请假回家自习，还有学生因为害怕而不知所措。其实，毕业班的学生越临近大考就越紧张是正常的现象，因为时间紧、压力大，因为考试结果对他们来说很重要，因为他们自信心不足，更因为他们心中有许多杂念。基于以上原因,我决定给学生设计一节心理团体辅导课,给学生解解压。

【教育对象】

教育对象是初三的学生。

【活动准备】

全班分为八个小组并围坐在一起;制作课件;准备八盒彩色笔、一张带黑点的白纸、若干白纸。

【教学重点和难点】

重点:让学生勇敢地说出心中的杂念和对自己影响较大的困惑,引导他们接纳过去并为未来赋能。

难点:在辅导过程中培养学生解决问题的能力。

【活动过程】

1. **热身活动**

活动内容:同桌之间互说三个赞美对方的词。

设计意图:在上课前,让同学之间互相赞美,让他们在一种轻松的环境中融入课堂,拉近师生之间的关系。

第一轮活动:A:_____(名字),你真是一个_____、_____、_____(三个赞美词)的人。B:谢谢,我就是。

第二轮活动:B:_____(名字),你真是一个_____、_____、_____(三个赞美词)的人。A:谢谢,我就是。

展示成果:让学生站起来,互相赞美对方并得到对方的回应。

提出问题:你喜欢被赞美吗?为什么?当别人赞美你时,你如何回应?

老师总结:赞美是一种品质,也是一种养成,我们都渴望被人赞美,被人赞美时心里美滋滋的。但是在现实生活中,我们身上所发生的事情有好有坏,有些事情甚至会深深地埋在我们心底,成为我们生命中的痛点。

2. **直击痛点**

活动内容:请你把自己的痛点画成某种东西,通过这个东西来表达自己不愿面对的事情。

设计意图:通过该活动,让学生说出藏在心里的痛点,勇敢地在众人面前暴露自己的痛点。

成果展示:请学生展示自己的绘画作品并讲述相关故事。

注：在本环节中，痛点基本上都是不好的事情，这些痛点在学生心中挥之不去，至今还深深地刺痛着他们的心。

老师总结：痛点不可避免，我们不能逃避，解决痛点的最好办法就是勇敢地直面它们。

3. 痛点的新意

活动一：黑点处理。

内容：老师出示一张白纸，白纸上有个黑点，让学生提供解决黑点的方案。

教学意图：本环节的意图在于考验学生的心理素质。经过前半节课的引导，他们的心理是否变得坚强？他们是否有更好的解决问题的办法？在解决黑点的过程中，让他们明白，发生在自己身上的任何事情都是人生中不可缺少的经历，也是人生中不可多得的财富。

问题：（老师举起手中的纸，问学生）你们看到了什么？

注：总结本问题的回答，我发现很多学生只看到了小黑点，而忽视了小黑点之外的面积很大的白纸。其实，在人生的长河中，我们会经历很多事情，既有喜，也有忧，既有收获，也有失去，既有欢乐，也有悲痛。小黑点就如人生中的不如意之事，白纸就如人生中的美好或平淡之事，很多人会牢牢记住生活中的不如意之事，而忽视了生活中的美好。引导学生看到美好，是本活动的精彩之处。

小组合作：如果有机会让你把黑点处理掉，你会怎么做？请小组合作处理一下黑点。

小组展示：每组选派一人展示小组合作处理的成果，并解释处理的意图。

注：在本环节中，我非常惊喜地发现，学生没有把黑点直接剪掉，而是保留黑点，把黑点融入画中，让黑点成为画的一部分。这正如我们所经历的不如意之事一样，我们不可能把它们全部"剪掉"，但是我们可以接纳它们，让它们成为我们生命中不可缺少的一部分，并从中吸取经验和教训。

活动二：旧事的新意。

内容：请学生再次画出自己的痛点，并重新解读痛点。

教学意图：考查学生掌握知识的能力。经过本课的辅导，他们能否接纳自己的痛点？能否用有意义的东西去重新解读自己的痛点？

分享：你的旧画与新画所表达的故事有什么不同？

注：在本环节中，学生重新解读了原来的痛点，他们不再悲观，并从痛点中看到了它存在的价值和它给予自己的力量。

融入"逆商"的概念：逆商是指我们面对挫折、摆脱困境和战胜困难的能力。

老师总结：每个人所经历的事情都是一笔财富，无论是痛点，还是欢乐的、幸福的故事，它们都是我们人生中必不可少的色彩。人生中所经历的挫折和教训，让我们懂得"吃一堑长一智"的道理；人生中所经历的快乐和幸福之事，让我们更加珍惜现在的生活并领悟活在当下的意义。我们应正视和接纳发生在自己身上的一切。

4. **阳光心态伴我同行**

（1）阳光心态的培养方法：巧用三面镜子。

设计意图：让学生发现自己的优点，看到未来；把优点扩大，把缺点缩小；树立目标，培养学生的自信心。

内容：让学生用三面镜子看待自己的一切。其中，缩小镜用于看缺点，放大镜用于看优点，望远镜用于看未来。

（2）阳光心态的自我调节法：面临困境时，你会说什么来鼓励自己？

设计意图：让学生在面临困境时，懂得用积极、正面而有力量的话鼓励自己，克服紧张心理并进行积极的自我心理调节。

现场训练：这样的事都被我遇到了，真好，因为我……（说明："这样的事"是指不好的事情，"因为我"接下来说的是这件事给"我"带来的积极影响）

练习材料：
①这次考试，我排名年级倒数。
②我主动与小明打招呼，他竟然不理我。
③回到家里，我妈妈总是唠叨个不停。

5. **本节课小结**

略。

6. **课后延伸**

阳光心态自我调节法强化练习。

本节课是我给全校班主任上的一节公开课。让学生在同学和老师面前揭露自己的痛点，是一件非常不容易的事情，他们需要经过激烈的心理斗争，才敢与大家分享。上课前，我担心学生不能放开自己，不敢在众人面前揭自己的短，所以这节课对我来说是一次很大的挑战。

如果学生敢于公开自己的痛点，那就说明他们能够正式接纳曾经的不愉快，也说明这节课是有效的。在本节课上，很多学生真的能积极地在课堂上分享他们的痛点。我觉得这节课最大的收获就是学生经过老师的辅导，能用积极的思维重新解读痛点。我至今还清楚地记得，一个学生在课堂上忍不住泪流满面，哽咽着说不出一句完整的话，只听到断断续续的"我知道该怎么办了"。这节课让我释然。

我在课堂上好像什么都没有做，但是学生已能安然地接纳生活的不如意和自己的不完美，他们在悄然变化。我想，这就是润物细无声的教育魅力吧！

第五章 许给学生一个家校共育的氛围

如果说父母是孩子的第一任老师，那么家庭就是孩子成长的摇篮；如果说家庭是孩子的第一所学校，那么家长就是孩子成长的引路人。教育孩子不只是学校的任务，因为家庭教育和学校教育一样重要。学校与家庭在培养孩子的过程中，应该是合作的关系。

第五章 许给学生一个家校共育的氛围

打造行走的家庭教育课堂

习近平总书记强调，"我们都要重视家庭建设，注重家庭、注重家教、注重家风"。的确，家庭、家教、家风的好坏关乎孩子的一生。在教育的过程中，我们会遇到一些家风、家教不好的家庭和不负责任的家长，他们把教育孩子的任务完全丢给学校，这样的家庭培养出来的孩子没有规则意识，不懂得尊重他人，不会与他人合作，自私自利，自以为是。那么，我们该怎么改变这种现象呢？

朱永新教授曾说过，没有父母参与的教育，一定是残缺的教育，一定是不完全的教育。是的，培养孩子是一个重大工程，学校教育与家庭教育缺一不可，"没有家庭教育的学校教育和没有学校教育的家庭教育，都不可能完成培养人这一极其细致而复杂的任务"。只有家校联手共育，孩子的成长才会更加顺利、更加健康。

家校联手共育的方法多种多样，比较常用的有谈话法、叙事法、个案研讨法、活动体验法等。究竟哪一种方法适合学生的成长需要呢？"没有调查，就没有发言权"，我决定对学校的学生和家长群体进行调研后再确定用什么方法。

一、接纳现状，摸清家庭情况

两年前，我曾从市区学校去一所乡镇初级中学挂职。对比城乡的家庭现状和家长素质，我发现城乡之间的差别和差距很大，主要体现在家庭氛围、家庭经济、家长素质、家长思维、家长的育儿理念等方面。不可否认，城区无论是家庭因素还是家长因素都比乡镇要好，这些差距对城乡教育的不平衡产生了很大的影响。

相对来说，在乡镇家庭，不合格的家长非常多，他们教育孩子的想法和做法千奇百怪。例如：不少家长极少关注孩子的学习与生活，孩子出现了抽烟、骑机动车辆，甚至与异性同居等不良行为，他们都没有发现端倪，很多家长是从班主任的口中得知；个别家长对自己孩子夜不归宿的行为不以为意，甚至认为只要孩子肯待在学校、不辍学就行；个别家长公然不配合学校工作，不尊重老师，有出言顶撞和威胁老师的行为。

为什么城乡的家庭和家长素质存在这么大的差距呢？如何解决这个问题呢？

在农村，要改变家长教育思想落后的现状是非常不容易的事情，存在很多难以解决的现实问题。例如：学校想开设一些家长培训课程，但是家长根本没有时间听课；学校要开设培训课程，却缺乏专业的师资力量，课程难以长久地推行下去；老师通过信息来指导家长，效果不明显。课程培训的方法行不通，怎么办？问题是客观存在的，但是并不代表不能解决，因为对待这些问题的态度才是重要的因素。所以，当一下子改变不了现状的时候，我们要学会接纳现状，再想办法克服问题。

二、开展调研，化被动为主动

为了了解各个家庭的教育现状，我设计了两份调查问卷，分别对家长和学生进行调研，调研内容包括家长姓名、毕业学校、联系电话、家庭住址、家庭成员、工作单位、父母多久见一次孩子、父母在家陪伴孩子的时间、学生每天玩手机的时间、学生完成作业的情况及原因等十多个项目。

我校所在镇是城乡接合部，我们通过调研发现，学校主要有三类学生——本镇户籍学生、外省市户籍父母在本地区工作的学生、偏远外镇的学生，纯属于本地家庭的学生不多。家长的学历水平基本是初中毕业，大部分家长没有固定工作，为了生计，他们与孩子聚少离多，也极少关心孩子的学习与生活；家长的教育思想和培养方法相对落后，对孩子有质量的陪伴很少；陪伴孩子最多的是手机，有不少学生每天玩手机的时间超过两小时。家教和家风好的家庭，更容易培养出双优生，反之则容易培养出学困生或行为问题生。

在教育中，我们既无法选择家庭，也不能选择自己的教育对象，最好的办法就是打破和改变传统，化被动为主动。为此，我们准备尝试走访学生家庭，打造一种行走的家庭教育课堂，希望通过此活动对各类家庭的教育有所影响。

三、创新办法，打造行走的家庭教育课堂

在行动之前，为了更有针对性地了解各类学生家庭的具体情况，我们

决定在每学期的中期和寒暑假走进各类学生的家庭，与他们的原生家庭进行亲密接触，同时打造一种行走的家庭教育课堂。这种课堂存在的目的和意义是什么呢？

我们希望在这种课堂上传授家庭教育知识，帮助家长认识家庭教育的误区，改变教育观念，改善亲子关系，增强家庭教育的信心，总结和推广先进的家庭教育经验。

通过家访，我们将收集到的信息进行综合对比，对比的结果进一步验证了家庭教育的差异性。例如，对比双优生和学困生，其中，双优生的家庭共性如下。①家庭氛围：父母关系良好，家庭氛围和谐、有爱，尊敬长辈，父母不令而行。②家庭环境：整洁干净，有书香味，奖状墙显眼。③孩子在家：自觉做作业，会干家务，自主性和自律性强，尊敬长辈。④亲密关系：家长经常陪伴孩子，亲子间互信互爱，孩子体谅父母，父母客观评价孩子。

学困生的家庭共性如下。①家庭氛围：父母关系不好，父亲或母亲有一方特别强势，而另一方特别弱势或颓废，离异、单亲、留守家庭比较多。②家庭环境：家庭摆设不工整，家里基本没有课外书籍，墙壁没有体现家庭文化气息。③孩子在家：不干家务，爱玩手机，自律性不强，不尊敬长辈，不经家长批准随意外出，甚至深夜不归。④亲密关系：家长较少陪伴孩子，亲子关系不好，沟通不顺畅，孩子不信任家长，家长爱压制和否定孩子。

我们学校双优生所占的比例不多，以学困生为主。从上面的信息分析得知，许多家长的教育观念和教育思维普遍落后，家庭教育严重缺位，相当多的孩子从小就缺乏关爱、缺少陪伴。从不重视家庭教育的家庭中走出来的孩子在成长中出现行为偏差而得不到纠正，养成不良习惯而得不到有效引导，甚至没有理想，没有奋斗目标，不知道为什么而读书，随意辍学等现象比比皆是。

在行走的家庭教育课堂上，我们从理论上让家长明白：父母是孩子的第一任老师，家庭是孩子的第一所学校；学校教育不能代替家庭教育，"没有家庭教育的学校教育和没有学校教育的家庭教育，都不可能完成培养人这一极其细致而复杂的任务"；没有爱，就没有教育，家长要在行动上关爱孩子，在心灵上关注孩子。在行动上，我们让家长每天都与孩子进行交流，每周都与孩子一起搞活动，每年都要和孩子一起创造一个亲子的高光时刻。

其实，部分父母平时也想跟孩子互动，但是根据青春期孩子的心理特点，我们知道，很多孩子都不喜欢跟父母互动，他们的世界只向同伴开放，而对父母封闭。为了更好地促进家长与孩子之间的互动，我们通过学校行政的力量设计了体验式活动，为他们创造了互动的机会。

四、体验活动，形成多元共育文化

朱永新教授说：中国的父母对于培养孩子这件大事大多都没有受过专门训练，出错在所难免；从孩子来到这个世间，父母与之朝夕相处，对孩子的影响最大，因此没有父母的成长，就没有孩子的成长。为了促进家长和孩子的共同成长，我们创设了系列体验式活动，通过活动形成多元共育文化，进一步拓展和丰富了行走的家庭教育课堂的教育内涵。

我们利用节假日为学生创造互动机会，例如在母亲节、父亲节和中国传统节日等，我们会布置一项要求亲子共同完成的任务，形式可以是写手抄报、写一封信、为父母做一件力所能及之事等。我们利用每个寒暑假为全校家庭打造一个形式多样的主题活动，譬如2019年暑假，我们结合新中国成立70周年，设计了"心怀祖国，放眼世界"暑假德育作业，内容主要有"祖国河山，走一走""祖国繁荣，唱一唱""博览群书，海纳百川"和"体验成长，放眼世界"等。

在这些形式多样、内容多元的互动中，家长和孩子都有很多的感悟，也都得到了很好的成长。行走的家庭教育课堂具有以下"五性"特点。

（1）主题性。我们每次开展家校活动都有明确的主题，例如"暑假行走的课堂""家校互动周""暑假（寒假），你好！""环境保护，你我共参与"等。

（2）针对性。例如：针对孩子成长中的不良行为开展的"家校互动周"主题活动，增加了师生之间、家校之间的互动，从而更有针对性地纠正孩子的不良行为；针对学生做事的态度和应对逆境的能力开展的"暑假行走的课堂"主题活动，让孩子在活动中学会规划、学会遵守规矩，增强了他们解决问题的能力；针对学生随意浪费寒暑假时间、亲子关系不好等问题而开展的"暑假（寒假），你好！"主题活动，促使亲子关系在活动中得到改善和发展。

（3）联动性。我校成立了学校、年级、班级三级家委会，构筑学校和家庭、老师和家长之间的联动纽带。例如：学校家委会积极参与学校的民主管理，组建交通护卫志愿队，为学生上学、放学疏导交通保驾护航，或者跟随学校领导到辖区内河段排查安全隐患等；年级家委会积极参加年级的日常管理工作；班级家委会参与活动的设计与组织，譬如辅助班级布置教室，开展小食会、野炊活动和研学旅行等。

（4）育人性。我们通过活动来培养老师的思考、理解、执行等能力，培养学生的沟通、协作、处事等能力，增强学校德育团队的规划、协调、执行等能力。同时，为了更好地影响家长的教育思维和教育理念，我校开办了家长学校，通过举办专家讲座和家校交流分享会等对家长进行指导。

（5）成长性。任何一种教育活动，如果抛开成长这一核心，那么它就是没有任何教育意义的，也是不能持久的。我们从师生和家长在活动后发布的"美篇"中了解到他们的感受与成长印记。例如，一名七年级学生在寒假打工获得报酬后说："做了一个星期的寒假工，我终于明白赚钱不像花钱那么容易。"还有一名学生在参加摘草莓活动后，写下了如诗一般的感悟："不熟的草莓颜色鲜艳，但是，只要放到嘴里一咬，一股酸味会把牙齿酸倒。半熟的草莓放到嘴里，一咬，又酸又甜的汁流进嘴里，很有滋味。熟透的草莓不仅外表鲜艳……让人百吃不厌。"

行走的家庭教育课堂既让老师享受到了家校共育的好处，也促使家长更好地了解并配合学校工作，更教学生学会生存、学会学习、学会做人、学会创新。家校共育不仅取得了一箭三雕的效果，还有更多共赢的收获。其中，李家长是一个收获比较大的家长。他是学校家委会主任，每周都带领家委会志愿者为学校做志愿服务。他的孩子深受其影响，是懂事、明理、有担当的孩子。他本人还被学校推荐参加阳东区优秀家长评选，并凭着突出的事迹成为"阳东区十大优秀家长"。

家庭会谈中积极关注技术的运用

每个人的成长状况、发展水平和社会成就，都是家庭、学校、社会共同教育、综合作用的结果。我们需要对孩子进行家校共育，家校共育需要好的教育技术，好的教育技术能产生事半功倍的教育效果。家校既是相互依存的共生体，也是独立的个体，它们既携手攻克教育难关，也会因家校关系紧张、亲子关系恶化而抵消教育能量。为了促使家长更好地配合学校教育，我将通过家庭会谈的案例，展示如何通过积极关注技术来化解家校之间、家长之间的教育矛盾。

在成长路上，父母不仅是孩子的第一任老师，更是孩子终身成长的人生导师；家庭不仅是孩子的第一所学校，更是孩子终身成长的坚实基地。但是，有一些家长不懂教育孩子的技术，或没有意识到家庭教育的重要性，导致家校关系紧张、亲子关系恶化，甚至出现更为严重的教育危机。

那么，是什么导致不良的教育后果？如何才能更好地发挥家校共育的作用？怎样才能更好地化解教育危机？下面，我将通过亲历的教育案例，分享如何运用积极关注技术化解家庭教育困境，希望能给老师和家长带来一些启示。

一、案例呈现

小良（化名）是我班上的一名住宿生，他的行为问题在开学第二周就暴露无遗：上课不是睡觉，就是开小差；不服从班干部管理，就连科任老师叫他认真听课，他也摆出一副"死猪不怕开水烫"的样子；课后作业从不按时完成。从小良的情况来看，他就是一个妥妥的问题行为学生。

在任何一个新组建的班级，师生都要经历一段磨合期。小良在我的软硬磨合下，一个月之后，逐渐适应了班级公约的管理，也逐渐喜欢上了班级活动体验式的文化氛围。奇怪的是，每周星期天晚上回到学校，他总是蔫蔫的，晚修时间都在睡觉。为什么孩子一回家就抵消了在学校的良好表现呢？为了寻找原因，我多次电话联系小良的父母，向他们了解孩子周末在家的情况。然而，两位家长各说各的理由，把孩子的问题归咎于对方。

从家长的表现来看，小良就是问题家庭造成的问题孩子。

我们知道，每个人的成长状况、发展水平和社会成就，都是家庭、学校、社会共同教育、综合作用的结果，无论哪一方出现问题都会造成教育的缺憾，问题孩子的背后往往有问题家庭和问题教育方式。在多次电话沟通无果后，我决定邀请学生及其父母一起到学校进行一次正规的家庭会谈。我想，只有进行当面的会谈，我们才能更好地了解对方，班主任才能真正看到问题的本源，从而找到解决问题的方法。

会谈的时间是在晚上，会谈的地点选择在一个安静而温馨的学校接待室，而会谈的开局却充满着火药味……

大家还没有坐下来，小良的妈妈就发起牢骚："小良在初一之前是很听话的，初二开始变化。他在家里经常玩手机，不听我的话。孩子的爸爸做生意，很少在家。他只要回家，就打骂孩子，我一个家庭妇女怎么管得了孩子？"她顿了顿，又说："老师，我把孩子交给学校，教育就是学校的问题，为什么还老麻烦家长？"当时听到小良妈妈的话，我的心一沉，有一种"我本将心向明月，奈何明月照沟渠"的感觉。幸好小良的爸爸连忙打断妈妈的话："孩子的今天都是你溺爱造成的。孩子一回家，你为了打麻将，就由着他玩手机。他越玩越疯狂，作业不完成，周末也没有好好休息，我每次惩罚他、打骂他，你都护着他，现在孩子成了这样，都是你的责任。"小良的妈妈不服气："怎么是我的责任？我如果不让他玩手机，他晚上就偷偷地跑去外面玩。孩子万一有个三长两短，你说怎么办？"小良的爸爸不理会妈妈，凶狠地对小良说："你呀，从小到大只有缺点，从不让父母省心。不要读书啦，收拾课本回家吧！"站在门口的小良气鼓鼓的，耷拉着脑袋，不吭声。此时，大家心中都有怨气，如果继续舌战下去，这场教育会谈定会演变成家庭战争。因此，我及时从不良的情绪中抽离出来，并运用积极会谈技术成功地扭转了局面，让会谈朝着有利的方向发展。

二、问题分析

小良的行为问题就是浮出水面的家庭问题。从小良的行为中，我们不难看出其家庭教育存在着很大的问题。小良的教育问题如果处理不好，很有可能会发展成为更严重的教育危机。

从开局的交锋中，我发现了孩子行为背后来自父母的原因：妈妈方面，她的教育属于溺爱型教育。她是一个家庭主妇，当孩子进入青春期，心理出现逆反时，她的教育思维没有及时跟上孩子的心理变化；当孩子出现正常的行为问题时，她把多余的精力放在麻将上，而没有时间学习教育知识，不懂得给予孩子科学的成长指导；当孩子夜不归宿，僭越家庭底线时，她以妥协来满足孩子的欲望。爸爸方面，他的教育属于粗暴专制型教育。他经常不在孩子身边，错过了孩子成长中的很多变化，也不理解孩子的特异行为是成长中的正常表现，他只看到了孩子的问题；他不理解孩子，也未能给予孩子有效的成长指导，反而用粗暴的打骂方式来发泄内心的不满。小良被打之后，父母没有从正面教导他，反而让他对爸爸心生怨恨。妈妈的溺爱与忍让使小良胆大妄为，爸爸的粗暴专制让他陷入"习得性无助"状态，所以小良应该处于一种矛盾之中。

从与家长的谈话中，我找到了他们的共同问题：第一，都想教育好小良，但是都没有好的教育方法；第二，都只看到了孩子的问题，而忽略了孩子的每一个小进步，更没有客观地看待孩子隐藏的守时、积极与善良等品质；第三，不懂得聆听对方的声音，对对方充满怨气；第四，都没有真正走进孩子的心灵，没有与孩子交心碰撞，孩子没有感受到父母无条件的爱。

所谓知己知彼，百战不殆，有效的会谈是需要技巧的，所以要增强会谈的效果，就必须掌握会谈技术和技巧。在弄清楚缘由后，我在会谈中有针对性地使用了积极关注技术，巧妙地化解了教育危机。

三、会谈技巧

积极关注是心理学的一种技术。积极关注就是对求助者的言语和行为的闪光点、光明面或长处、潜力予以有选择性的关注，从而使求助者拥有更客观的自我形象、正向的价值观和积极的人生态度。我对案例中的三个人都使用了积极关注技术，从正面引导会谈者进一步看到对方的优点和自己的长处、潜能，从而接纳自己、谅解对方。

小良的爸爸是杂货店老板，从早忙到晚，没有时间管教孩子，但是他不辞辛劳，就是为了让家人过得更好。今晚，为了孩子的教育，他连饭都来不及吃，就放下手中的生意来到学校，其实，这就是不善言辞的父亲在行动上对孩子的关心与爱。

班主任每次打电话给小良的妈妈，她基本能友善地沟通。她虽然不阻止孩子玩手机，但是为了让孩子不外出，防止发生意外，在她没有更好的解决办法的情况下，这种行为看似无为，实则有为。平时的碎碎叨叨，实为母爱的表达方式。

小良平时的行为表现出比较多的问题，但他也有很多优点。例如：他今晚被家长批评了，有很多负面情绪，但没有当面顶撞父母；他是一个孝顺的好孩子，回家会帮忙照顾90多岁的奶奶，平时喜欢为奶奶下厨；他上课从不迟到，与同学和谐相处，听从班主任的教导。

通过以上的积极关注和正向分析，他们都感觉到被理解，也看到了自己在家庭中的价值，会谈的气氛变得和谐、轻松，大家脸上都有了笑容。

四、案例结果

积极关注并不能帮助他们解决现存的问题，甚至还会掩盖问题。所以在会谈气氛变好，大家都处于一种放松的状态后，我客观地引导他们看到自己身上存在的问题，并提出改进的建议。经过一番分析，他们三人继续寻找自己的问题，并相互道歉。这是我意想不到的收获，或许这就是教育的魅力，用对的方法才能做对的事。最后，我引导他们一起探讨如何帮助小良改变不良的行为、描绘前景、挖掘潜能等。

会谈后，我及时地给这个家庭普及了谈话的技巧和教育的方法。从此以后，小良出现任何行为问题，家长都能积极地正面看待问题和分析问题，小良也能从中看到自己的不足，并坚定了改进的决心。

五、案例评析

教育学生的方法有很多，家校共育是必不可少的。培养学生需要家校共育，家庭教育与学校教育是殊途同归的两种教育，本质都是为了让学生成为更好的自己。家庭教育寓教育于家庭的日常生活之中，通过潜移默化、耳濡目染自然而然地产生影响。学校教育则是以一支经过严格培训的专职教师队伍为中坚力量的正规的集体教育，是以培养社会主义建设者和接班人为宗旨的有目的、有计划、有组织的教育。所以，家庭教育和学校教育缺一不可。教育要讲究技术技巧、方式方法，好的教育技巧能锦上添花，起到事半功倍的教育作用，不好的教育方法则会让人走向万丈深渊。

在本案例中，小良及其家庭成员都曾一叶障目，只关注到对方的不足，而忽视了每个人身上隐藏的闪光点。家长无视孩子的成长规律，不知道试错也是成长的需要、时间就是最好的良药的道理。因此，在日常生活中，当家长经常收到孩子不良行为的投诉信息时，他们就会专注于现状，而看不到孩子的未来；孩子由于经常被否定，缺乏成长的动力和信心，看不到未来和希望，从而陷入"习得性无助"状态，或做出破罐子破摔的行为。我通过家庭会谈，使用积极关注技术，让小良及其家人彼此敞开心扉，既看到自己的价值和他人的苦心，也看到自己的不足和需要改善的地方。当然，对于人的教育，不是一种技术就能解决所有的问题，所以在进行家校会谈时，我们还要运用积极倾听、共情、情感反应、顺势诱导、体验后果等技术。同时，在会谈时，约谈方要注意以下几个事项：一是对话态度、语气要诚恳，让对方知道约谈不是为了批评，而是为了解决问题；二是表述要实事求是，不过分夸大其词，不回避问题，也不迎合对方；三是谈话要有针对性，针对此时此刻要解决的问题，不要过度发散，不要戳对方过去的痛脚；四是为对方赋能，引导对方发现自己的长处和潜力，学会自我发现、开发潜能，从而促进自我成长；五是注重引导对方看到自己的未来，帮助他描绘出理想中的未来的样子，再找出他现在的不足，鼓励他尝试不同的选择，让他成为更好的自己，让他对明天充满信心和希望。

　　家校既是相互依存的共生体，也是独立的个体。好的教育技巧能让家校携手攻克教育难关，不好的教育方法会导致家校关系紧张、亲子关系恶化，从而抵消教育的能量。学生（孩子）在不断成长，老师（家长）也要不断地学习与充电，在学习中修正，在修正中提升，在提升中成长。

第五章　许给学生一个家校共育的氛围

家校联手为具有自闭症状的孩子保驾护航

小建在高三的第一个学期转学到我们班。他长长的头发遮住了半边脸，说话时声音和身体都会颤抖。他不敢直视别人的眼睛，只是用余光看人。初次见面，他给我的感觉是内向、不自信。起初，我与小建的谈话是非常艰难的。他要么不吭声，要么只说"嗯"，特别是谈及父母的话题时，他总是沉默不语，甚至还带有一些恨意。他参加我校的第一次月考，六科总分只考了 86 分。是什么导致小建如此沮丧、消极、不自信？带着满腹疑惑，我开始对这个特殊的孩子进行艰难的解密行动。

从小建父母的嘴里得知，小建在家里也是沉默不语，他与父母之间没有正常的沟通，出现了较为严重的自闭症状。小建的父母说，小建从小活泼开朗、聪明伶俐，曾参加各类竞赛并获奖。小建读初二时，对网络游戏产生了浓厚的兴趣，整天玩手机，成绩一落千丈。正值青春叛逆期的他，无论父母怎样劝说都无效。在无数次说教无效后，小建的爸爸就用暴力抽打代替了说服教育和沟通疏导。有人说，教育上操之过急或缓慢滞后，都会影响孩子正常的心理发育。这句话在小建身上得到了印证。久而久之，小建除了网络游戏，对什么都提不起兴趣，行为无法自控，学习成绩日渐下降，就连他最拿手、最值得骄傲的数学科都没有希望了。从此，小建无力反抗爸爸，也无力摆脱网络的诱惑，他被迫屈服于现状，他的心灵被锁住了。

从以上情况来看，小建陷入了"习得性无助"的心理状态。"习得性无助"是美国心理学家塞利格曼 1967 年在研究动物时提出的。所谓"习得性无助"，是指重复的失败或惩罚造成的听任摆布的行为，它是指一种对现实无可奈何的心理状态。

找到问题产生的根源之后，我与家长共同研究出解决问题的方法。

只要有心，一切问题都能解决；只要用心，一切都会好起来。教育，在家校合力之下，变得那么和谐、那么美妙。

授人以鱼，不如授人以渔。为了引导孩子走出这种心理无助的状态，我首先从改变家长下手，引导家长发现孩子问题产生的根源，让家长明白"解铃还须系铃人"的道理，让家长主动学习，主动改变，再带动孩子改变。家长听从我的建议，开始学会学习、学会反思、学会理解、学会让步。慢慢地，家长从书本上吸收到力量，从老师的反映中了解到孩子的表现，从与孩子的共处中观察到孩子的喜好，开始改变教育思维，修正教育方法，不再粗暴地对待孩子，而是发自内心地关爱孩子。

小建真的变了。他从一个性格内向、缺乏自信、心灵被锁住的孩子逐渐变成一个开朗自信、笑容可掬的少年，从一个思想颓废、不爱学习的问题少年变成一个勤奋好学、学习目标明确的好学子。最后，小建考上了他心仪已久的省属大专。

我也变了。从这个案例中，我学会了包容，学会了换一个角度看问题，学会了给学生一个改正的机会，我成了教育赢家。

教育性格内向、缺乏自信的学生，我们不能急于求成，更不能硬攻，而要讲究策略和方法。从小建的个案中，我获得如下感悟。

第一，教育者应该本着为学生终身发展负责的态度去教育学生。

第二，爱孩子需要智慧，给予他们爱的时候，一定要考虑这是否是他们需要的；教育他们时一定要有同理心，亲身体验孩子的困境，让他们看到未来和希望。

第三，学校与家庭要形成教育共同体。苏霍姆林斯基曾经强调过："没有家庭教育的学校教育和没有学校教育的家庭教育，都不可能完成培养人这一极其细致而复杂的任务。"

教育是一个复杂的过程，特别是教育心理有问题的孩子，不是一两句话就能奏效的，也不是依靠家庭或者学校一方就可以完成的，所以家校要联合起来，形成教育共同体，为孩子的健康成长保驾护航。

在家庭教育中，如何改变孩子的拖延行为

很多事情明知可以很快就开始或完成，有些孩子却一拖再拖。是什么导致孩子出现拖延行为？在家庭教育中，如何改变孩子的拖延行为？

每一个孩子的成长过程都是独一无二的，他们的成长过程也是一个探索的过程，孩子在探索过程中必然会放慢速度，所以他们做事的速度和质量都难以达到成人的要求。很多父母不清楚孩子为什么会这样，不知道孩子拖延行为背后的原因，也不知道如何解决这一问题。因此，有些家长在孩子刚出现拖延行为时处理不当，最后导致孩子拖延成瘾。

孩子的拖延行为是如何形成的？如何帮助孩子改变拖延行为？下面，我以小见大，对一个孩子的拖延行为进行分析。

一、拖延行为的表现

小华是我校一个七年级学生，在学校各方面的表现都比较正常，也是一个比较听话、乖巧的孩子，但是他在家里的情况跟学校大不相同。小华的父母反映，他在家里做事总是慢吞吞的，跟父母出门也要拖延10多分钟才能起行，早上起床、穿衣、洗漱、穿鞋、吃饭等也是拖拖拉拉的，而且每天回家都不按时完成作业。总之，小华在家里做事总是一拖再拖，最后要在父母一催再催的怒吼之下才完成。小华到学校之后，在老师的督促之下却很快就完成作业。老师很难把孩子在学校的表现与在家里的表现对接起来。

其实，我校也有部分学生像小华一样做事总是拖拖拉拉的，而且在家里和在学校表现都一样，这就是典型的拖延行为。拖延行为具有三个特征：自愿、逃避和非理性。自愿是指其拖延行为不是受他人的胁迫而做的，而是自主决定、自愿选择的；逃避是指拖延者不愿意立即执行或完成任务；非理性是指尽管没有适当的理由，尽管延迟会造成不利的后果，个体还是选择拖延。

二、拖延行为形成的原因

小华的拖延行为是他成长中出现的行为问题,同时,他的拖延行为具有受环境影响的特点。小华在学校的表现很正常,只是在家里的行为出现了问题,因此,我们断定小华行为问题的根源在家庭。为了更好地帮助学生和家长解决这个问题,老师多次与家长沟通并走进学生的家庭,进一步了解学生的家庭情况。

经过一段时间的电访和家访,我们了解到了如下信息:①小华没有一个独立的做作业的空间,他是在客厅里做的;②小华做作业时,爷爷、奶奶就在他旁边看电视,电视机的声音很大;③小华做作业的桌子上放着很多玩具和课外读物;④小华的父母是小企业的管理者,他们对孩子的要求比较高,经常在孩子耳边唠叨种种不是,长辈们有时候还会为小华的不听话行为而互相指责;⑤小华的父母眼里只有孩子的问题,没有看到孩子值得称赞的地方;⑥小华对长辈们的互相指责表现出愤怒,并以静坐和沉默来对抗他们。

其实,孩子是父母的一面镜子,孩子具有很强的可塑性,有什么样的家长和环境,就会培养出什么样的孩子。

经过分析,孩子现在呈现出的这些行为问题,在小学阶段就已经出现,只是没有现在这么明显罢了。孩子出现比较严重的拖延行为,归咎起来主要有孩子自身和家庭教育两大方面的原因。

首先,孩子自身的原因。一是在小学阶段,孩子的注意力是有限的,他们能够注意到自己感兴趣的东西,如动画片、漫画、电子产品、游戏等,很容易被感兴趣的事情吸引而忽略不感兴趣的事情。我们在家访时发现,小华做作业的桌子上放满了玩具和课外书,这些东西深深地吸引了他的注意力。二是孩子在小的时候,不具备管理时间和统筹规划的能力,未能从小自主养成良好的行为习惯。三是在遭遇多次或长期的挫折打击后,孩子陷入"习得性无助"状态,成长的内动力不足。

其次,家庭方面的原因。在家庭教育中,以下几种类型的父母是孩子出现行为问题的诱因。一是控制型父母。控制型父母往往性格急躁、期望值高、控制欲强。这样的父母总是强制孩子按照他们的要求、规划、视角、速度来做事情,没有考虑孩子的实际情况和需要。面对如此强势的父母,弱小的孩子感到很无助,只能用拖延行为来对抗高压的父母。二是忽视型父母。在家庭教育中，当孩子遇到不会做或者需要放慢速度去完成的事情，家长或没有耐心及时给予有效的指导，或忽视孩子的需求，未能及时施助、纠错或订立规矩，认为孩子大一点自然就什么都会。三是贿赂型父母。例如，孩子要求父母在自己完成某个任务后给予一定的物质奖励，有些家长为了照顾孩子的情绪，同意用物质来满足孩子的需求。这种处理方法会让孩子养成不好的习惯，做事情缺乏内动力，主要是为了得到别人的奖赏，而不是出于自身的责任；家长的溺爱、包办，特别是隔代教育更容易导致孩子的各种能力弱化。四是自身不正型父母。有些家长自己做事情就缺乏时间观念，这深深地影响了孩子。

小华的父母具有上述几种类型的父母的特点，所以小华在家里逐渐形成了拖延行为。

三、应对拖延行为的策略

孩子成长中出现的问题往往也是家庭的问题，所以要解决孩子的问题，首先要从改变家庭开始。教育孩子是一门学问，只有用对方法，才能收到事半功倍的效果。那么，在家庭教育中，如何改变孩子的拖延行为？

第一，营造一个良好的家庭环境，培养孩子的专注力。例如：在孩子做作业时，把玩具、电子产品、漫画等诱惑他的东西收好；在孩子专注地做某一件事时，不要让电视、电话和说话的声音等影响到孩子；不要随意打断孩子，也不要唠叨和打扰孩子，让孩子养成专注做事的习惯。

第二，培养孩子循序渐进的做事能力，减少他在成长中的挫败感。成人眼里的任何小问题都有可能是孩子成长中的大问题，因此，当孩子有解决不了的问题而向家长求助时，家长一定要正确评估问题，如果是孩子力所不能及的，就要降低要求，让孩子做好一件事后再做另一件事，遵循从易到难的原则。

第三，培养孩子成为一个做事有规则、有时间观念的人。家长帮助孩子树立规则意识，与孩子约定好做作业的时间和玩的时间，例如放学回家首先要完成作业，再做其他事情；让孩子从小就懂得先处理紧急问题，再处理其他问题，分清事情的轻重缓急，明确事情的边界。

第四，培养孩子的自我意识和责任感，让孩子学会选择，学会承担不完成任务的后果。例如，孩子没有按时完成作业，就直接减少孩子玩的时间，让孩子学会为自己的行为负责。

第五，培养孩子解决实际问题的能力。孩子遇到问题时，家长要及时实施帮助，但是帮助不是代替包办，而是教会孩子解决问题的方法，鼓励孩子自己解决问题，以此增强孩子的成长内动力。

第六，增加孩子成功的心理体验。例如，家长可以从孩子感兴趣的事情入手，降低对孩子的要求，给孩子定下明确且容易实现的目标，设计感兴趣的体验活动，等等，让孩子在体验中找回自信心。

第七，通过正强化的做法巩固孩子的自信心。例如，孩子平时做事会拖延，当孩子按时完成任务时，就要及时给予正强化奖励，奖励可以是物质的，也可以是精神的。当然，最好以精神鼓励为主。

四、对拖延行为的思考

对于小华在成长中所出现的拖延行为，我在帮助家长的过程中，产生了很多的思考，并在思考中成长。

第一，孩子的叛逆心理如何逐渐产生？孩子的叛逆心理不是从一开始就有的，而起源于小时候学习简单的动作，却无法得到满足。例如，孩子从洗漱、穿衣等行为中无法体验到拥有独立能力的快感，他们这样做仅仅是为了完成父母交代的任务，因此他们获得自我满足感的能力慢慢被削弱。久而久之，孩子会产生一种自责和愉悦反抗的心理冲突。孩子的拖延行为在很大程度上其实是一种被动攻击的行为，他们以此来反抗他人对自己的控制。孩子一旦形成惯性的拖延行为，甚至出现拖延症，就会缺乏创造力、自信心，对事物缺乏兴趣，做事情容易放弃，甚至产生厌学、厌世的情绪。

第二，家长如何理解孩子的成长问题？孩子在成长中会出现不同的行为问题，需要父母积极地面对并接纳孩子的不良行为。教育孩子，正如用手抓沙子一样，你越是紧握双手，沙子就越快从你手中漏掉。物极必反，家长越是时时争先、事事掌控，孩子就越可能出现拖延行为。美国心理学家经过研究发现，那些严厉的父母往往会养出有拖延症的孩子。所以，父母对孩子的教育要掌握好度，过严或过宽都不行。

第三，父母如何做学习型家长？小华的案例让我思考这样一个问题：为什么小华的拖延行为主要发生在家里而不是在学校？经过分析，我们不难得出答案：小华在家里遇到了爱他但是不懂教育技巧的父母，而在学校里遇到了懂他、理解他，而且掌握了好的教育方法的老师，所以他在学校还是表现比较乖巧的孩子。其实，大部分的父母没有接受培训就做了爸爸、妈妈，他们也没有育儿经验和知识，当孩子在成长中出现问题时，他们束手无策。有些好学的家长会向长辈、老师、书本等学习，并一边学习，一边探索孩子的成长规律，因此，他们的孩子成长比较顺利。只有家长好好学习，孩子才会天天向上。

  影响孩子成长的因素是多方面、多层次的，每一个人最后呈现的成长轨迹不尽相同，没有一个人的成长可以被复制。家长是孩子的第一任老师，也是孩子成长的终身导师。家长要多学习，在学习中理性地思考孩子的成长问题；要多思考，在思考中帮助孩子扫清成长障碍。

第六章 许给自己一个破茧成蝶的机会

　　如果给现在的自己画一个动物的自画像，你会画什么呢？是情绪低落的菜鸟，还是雄心壮志的菜鸟？是展翅高飞的老鹰，还是正在蜕变中的老鹰？是翩翩飞舞的彩蝶，还是散发负能量的灰蝴蝶？……我相信，不同的人会画出不同的自画像。我的自画像又是怎样的呢？我想，我要画一只散发正能量、发挥"蝴蝶效应"的彩蝶。

第六章　许给自己一个破茧成蝶的机会

今日独自沉淀，他朝华丽绽放

时间如白驹过隙，2011—2013 年是我作为广东省中小学名班主任培养对象被培养的两年，一眨眼，我结业已近八年。当我翻开一页页的培训笔记，上课时的求知情景就跳跃在我眼前；当我翻看一张张培训时的照片，导师的音容笑貌就浮现在我脑海里。经过近八个春秋的磨炼，我已经从一名胆怯的寡言人变成知无不言、言无不尽的自信者，从一名经验型班主任成长为一名专业型班主任，从一名稚嫩的、功能单一的班主任老师历练成为成熟的、多功能的育人导师，从一名普通老师晋升成为学校领导。我的一切改变不是一蹴而就的，而是一点一滴的积累、一步一个脚印的迈进和无数个昼夜的奋斗与坚持。下面，我要跟大家分享我的专业成长经历，希望对读者有一定的触动作用。

一、不积跬步，无以至千里

每一个人都不要小看自己走过的每一步，我们所走过的每一步都会在自己的人生道路上留下独特的印记。2011 年 6 月，我被推荐为第三批广东省中小学名班主任培养对象时还只是阳东区第一中学一名普通的班主任老师。2012 年 3 月，经过不足一年的培训，学校发现我是一支潜力股，任命我为高二年级级长、学校政教处副主任和学校班主任教研室负责人。自 2013 年以来，我就像开了挂一样，收获众多荣誉，包括广东省特级教师、南粤优秀教师、省市区名班主任、省市三八红旗手、广东省百名优秀德育教师、阳江市名班主任工作室优秀教师、阳江市第二届最美教师、阳东区第三和第四批区管拔尖人才等，担任首批阳江市名班主任工作室主持人、第三批广东省中小学名班主任工作室主持人、广东省中小学德育研究会理事、阳江市家庭教育讲师团讲师等社会职务。2018 年 9 月，我被阳东区教育局委派到乡镇学校挂任副校长，成为本地区从城里派往乡镇挂职晋升的第一人。

看着让人眼花缭乱的荣誉，我回想起每一次逆袭、每一次华丽转身的背后所隐藏的不容易。成绩的背后包含多少人对我的引导和帮助，这是无数次学习、一场又一场公开课和比赛、一个又一个课题、一篇又一篇科研成果积淀而成的结果。我取得这样的成绩,不仅因为很多人为我"做嫁衣",更是自己长期甘守寂寞、适时把握机会、经历千锤百炼的结果!

二、"三自"成长,形成多元路径

我的成长路径很简单,总结起来不外乎学习上的自主、工作中的自为、生活中的自律,"三自"构成了我的成长路径。"三自"成长路径具体是怎样的呢?请允许我一一分析。

(一)学习自主——他山之石,可以攻玉

学习可以让我站在巨人的肩膀上,站得高,看得远,所以对于学习,我始终保持着初学者的狂热。我的学习方式包括线上学习和线下学习:线上学习包括听书和观看专家讲座两种形式,我基本做到每周听多本专著,一年听了近100本;线下学习包括现场专业知识培训和拜读专著,我家里有4个小书柜专门用来放我读的书。我学习的内容广泛,除了教育教学,还有信息技术、家庭教育、心理健康、心理咨询以及行政管理等。正是因为广泛涉猎了各种知识,我可以用学到的德育方法、班级管理技巧轻松地引领班级健康发展,用学到的家庭教育知识帮助家长轻松地引导孩子顺利地度过青春期,用学到的信息技术让自己轻松地驾驭现代化多媒体课堂,用学到的心理健康知识帮助学生增强抗挫能力。

(二)工作自为——步履铿锵,行稳致远

作为老师,我把自己的职业当作教育事业来追求;对于教育工作,我始终要求自己做一个"有所不为,而后可以有为"之人,自为即自主而有为。在我看来,不为就是不随波逐流、不贪图享乐、不无果而终的态度,有为就是在工作中要具有做有温度和情怀的教育、智慧教育的能力和魅力。

作为老师,我担任了16年的班主任,有三年半的时间同时兼任学校行政领导、级长和班主任,有两年的时间同时兼任学校行政领导和班主任。我的教育理念是"给我普通学生,还你优秀学子""学生犯错误也是

一种成长",教育追求是做智慧教育和有温度的教育。当学生出现行为问题时,我总是站在有利于学生成长的角度考虑和解决问题,并巧妙地将问题转为教育契机。马卡连柯曾说:"培养人就是培养他对前途的希望。"教育是一种希望,点燃希望才能看到未来。为了更好地帮助学生战胜困难,让他们在前进的道路上得到更多的指引,我在班上开设了学生发展课程化教育,希望通过课程化教育,为孩子点亮一盏明灯,让孩子勇敢地战胜每个阶段的困难。富兰克林曾说:告诉我,我会忘记;教给我,我会记住;让我参与,我才能学会。传统的教育是告知式、警告式的教育,而我对学生的教育更多的是参与性、体验式的课程教育。通过探索,我逐渐形成了自己的教育特色,"走心导心—活动体验"班会课模式是我的一项研究成果。"走心导心—活动体验"班会课模式很好地融入了学生"在学习中活动,在活动中学习"的要求,同时取得了我需要的动静相宜的教育效果。

作为教育者,我们不仅是传授学生知识的老师,更应该成为他们成长的人生导师、黑暗中的指路明灯、彷徨时的心理疏导者;作为教育者,我们不仅要引导学生纠正不良的行为习惯,更应该引导学生看到前途、未来和希望;作为教育者,我们不仅要发扬传统教育的优点,更要创新教育的方式方法。教育不是朝夕就能够见到效果的事,而是一种情怀、一种理念、一种希望、一种用心的付出。

正是因为智慧的教育、无私的奉献和勇敢的坚持,我的付出得到了学校、家长和学生的肯定,我每年都是学生评价最高的班主任之一,还多次被评为学校优秀班主任、模范班主任以及省市区三级名班主任,成为中小学班主任的领头人。

初做管理人员,我没有任何经验,除了观察有经验的行政领导做事,我还把班主任的优秀管理经验用上了。例如在实施一个项目时,我是按照"调查了解—初定方案—理念先行—实操检验—方案修正—成果辐射"的路径来实行的。2018年9月,我初到阳东区塘围初级中学挂任副校长时,也是按照上述思维和工作路径来操作的。首先是调查、了解学校,我看到了学校的"三无"现象——管理者的无为、老师的无助、学生的无知。接着,我用一个月的时间进行调查并写了一份工作设想,提出几个先进理念以便进行管理和育人,包括"三全育人"的学校育人理念、合作共赢的班级经营理念和三级自主管理的管理理念。在实施阶段,我提出分三步走:第一步是"抓常规改现状,做补救性德育",第二步是"酝内涵求发展，做预防性教育"，第三步是"谋特色促突破，做发展性德育"。在实操检验环节中，我有针对性地开展了如下项目：改变学生，从行为习惯引导开始；规范仪表，引导学生认可角色；美化教室环境，营造优雅的班级氛围；开启家校共育模式；探索动静相宜的活动模式；打造工作室，培育先头部队，以点、线带面培养教师；等等。新举措实施的过程即是不合理存在的修改过程。经过一个学期的引导和培养，学校校风好、学风浓，师生的精神面貌发生了很大的改变，校容校貌焕然一新，试验结果是令人满意的。

经过试验，我最大的感触就是要做到"五抓五促"：①抓规矩促养成；②抓学生促老师；③抓典型促整体；④抓人心促团队；⑤抓身范促改变。

"其身正，不令而行；其身不正，虽令不从。"一个好领导，不仅要会指挥他人工作，更要有思想、干实事，时时刻刻起到率先垂范的作用。我想，作为领导，以自身的行动说服下属永远比用言语的方式要好，而且更有说服力。

（三）生活自律——让自律成为一种习惯

人生的道路上充满了各种诱惑，放纵如山倒，自律如抽丝。正如李开复所说："千万不要放纵自己，给自己找借口。对自己严格一点，时间长了，自律便成为一种习惯、一种生活方式，你的人格和智慧也因此变得更加完美。"是的，做一个自律的人，可以让我不计较付出、忽视得失、不顾名利；成为一个自律的人，可以让我单纯专一地做一个教书匠；是一个自律的人，可以让我摆脱世俗物欲的困扰，追求更高的精神境界。

生活自律，让我心甘情愿做一个纯粹的教书匠。这样我就会自主地把大部分时间都奉献给学生和教育事业，哪怕是下班之后，我也会找学生了解他们的思想状况，或者听听书、写写文章。有个别老师认为我太忙、太辛苦了，付出与收获不对等，不值得。但是，我认为这是一种充实而快乐的活法，我的内心是平和而幸福的，我喜欢这样并乐此不疲。

生活自律，让我心平气和地做一个科研工作者。在工作中遇到难解的德育问题时，我会心平气和地通过课题研究的办法一个一个进行试验，在试验中积累经验，在试验中创新方法，从而在创新中更加科学地解决德育问题。从2011年至今，我已经主持了4个省级德育课题、1个市级德育课题和 1 个区级德育课题，课题成果《创建班级特色文化的研究》获得广东省中小学优秀德育科研成果一等奖，还有多篇科研成果获得省市级成果评比一、二等奖，有 40 多篇论文获奖或者发表。

当自律成为一种习惯、一种生活方式，生活和工作不仅没有扰乱我，还让我的内心更加纯净，让我更加懂得如何去做一个真正的教书匠。

三、做一只美丽的蝴蝶，掀起"蝴蝶效应"

作为名班主任工作室主持人，我担任了两年市级工作室主持人、四年半省级工作室主持人。作为工作室的领头羊，我带领工作室以"匠心筑梦·点亮希望"为宗旨，探索"学—研—悟—展"的教师"四维"专业发展路径，以"四强两翼"为教师培养目标，以学生的实际问题为源头，以解决学校的需求为基础，以"走心导心—活动体验"德育模式的构建和德育课程开发为抓手，精心做好各项工作，凝练工作室特色。

为了促进工作室的整体成长，我提出了"一新四强"的人才培养目标。"一新四强"是指教育理念新、实操能力强、教研能力强、写作能力强和演讲能力强。工作室以任务、活动为驱动，让教师在完成任务的过程中实现蜕变。三年来，在教师专业成长和工作室特色凝练的过程中，我组织了专题讲座、优质班会课展示、主题班会课比赛、班主任专业能力大赛、阅读分享、留守儿童教育等丰富多彩的主题活动，送课下乡走进 30 多所中小学，指导中小学开展班主任专业能力培训或比赛 30 多场；工作室老师发挥示范辐射作用，组织或参与了 100 多场的讲座交流活动。

工作室老师在自己的工作岗位上默默耕耘，实现完美蜕变。他们获得的荣誉包括：1 人被评为特级教师，2 人被评为南粤优秀教师，3 人成为广东省名班主任，4 人被评为阳江市名班主任，4 人被评为区名班主任，7 人被评为阳东区三好班主任，还有 121 人获得其他方面的荣誉。他们取得的科研成果如下：80 多篇论文获奖，20 多篇论文发表，其他成果共 60 多项，还汇编了 10 多本工作室成果。他们的成长收获包括：工作室有多名成员成长为学校的中层干部、省市区级骨干教师。对于工作室建设，我要带出一个好团队，打造一支召之即来、来之能干、干之能成的强大队伍。

四、磨砺积淀，破茧成蝶

我待工作如初恋，对它是认真而执着的，工作给我的回报是丰厚的。几年来，我获得了10多项省市区各级荣誉。由于工作成效比较显著，《阳江日报》以《爱心铸造教育"钢铁战士"》为题，对我的事迹进行了报道；阳东电视台《身边人，身边事》栏目对我的先进事迹进行了专题报道。《广东教学》以《坚持做一个善良而伟大的教育人》为题，对我进行了专访报道，阳江市电视台、阳江电台等多家媒体对我的先进事迹也做了系列报道。

工作之余，必有得失，我的感悟是：做一个顺势而为之人，无论身处顺境还是逆境，学会珍惜现在并寄希望于未来；做一个善良、正直之人，学会在逆风中飞翔，就算遭遇挫折，也依然要做一个善良而伟大的教育者；做一个传递正能量之人，培养自己的成长团队，壮大自己的成长能量场，传播人间正道；做一个爱岗敬业之人，不忘初心，砥砺前行，用良心做好教育；做一个坚持而勇敢的教书匠，无论世道如何变迁，不为名、不为利，坚持做对的教育。

对年轻的老师，我的建议如下：

（1）爱岗敬业，干一行爱一行，把自己的职业当作事业来干；

（2）脚踏实地，扎实工作，切忌好高骛远；

（3）抱着初学者的心态，虚心向有经验的老教师学习，用心向书本学习，提升自己的理论水平；

（4）坚持做一个善良而伟大的教育者，少做锦上添花之人，多做雪中送炭之事；

（5）做事要关注细节，做人要知恩、感恩；

（6）珍惜一切机会，做一个有准备的教育人；

（7）生活很浮躁，社会很复杂，我们要学会做一股清流，在自己周围形成一个正能量场。

低头俯瞰，抬头仰望，一路耕耘，一路探索，洒下泪水和汗水，同时收获了心灵的愉悦、感动与成长。今朝的静心经营、沉淀，为的是他日实现逆袭和华丽转身。

第六章　许给自己一个破茧成蝶的机会

坚持做一个善良而伟大的好老师

我一直在追问：我算是一个怎样的老师呢？经过多年的磨炼、沉淀，我想用善良和伟大这两个词来描述现在与未来的我。善良是现在进行时，我能做到用善良的思想、善良的举动和善良的涵养对待我的学生。伟大是将来时，它看似遥不可及，但是作为一名平凡的教育工作者，我只要把自己的工作做好、做细，做到极致，就会越来越接近伟大。善良而伟大不仅是一个概念，更是一种行动。我想从述德育成长之路、磨工作室之特色、定学生成长之策和凝成果收获之喜这几个方面来阐释我的行动。

一、我心向明月，明月对我笑——述德育成长之路

从教以来，我一直坚持走在班主任的路上，从未停歇，现在还走上了班主任专业化发展的道路。肯定有人会问：你做班主任这么久，不累吗？

累啊！在担任班主任的第十个年头，我在工作中遇到了瓶颈，德育工作没有方向、没有目标，只觉得有点烦琐，真想停歇一下。就在我产生这个念头的时候，幸好我遇到了两次机会。一次是阳东区派我代表区参加全市班主任专业能力大赛。我备赛时才发现原来还有很多东西可学，参赛时才知道原来还有很多优秀班主任值得我去模仿。另一次是我申报了一个省级德育课题。第一次接触课题，我什么都不懂，就连写申请报告都不会，幸好我遇到了周雪燕老师，是她手把手教会我做课题。如果没有她，我后来便不会持续不断地走在科研的道路上，并不断地成长。幸运的是，我在遭遇困难时遇到了善良的好人，并抓住了难得的机会。

只要不放弃，机会总会青睐有准备的人。世事总是这么巧，当你放弃了一次机会，你会发现所有的幸运与收获都会远离你；当你把握住了一次机会，你会遇到更多给你机会的人和事。所以，我把所有的事情都当作机会，对学校安排的工作来者不拒。身兼几个职位，我每天的工作行程都是满满的：早上到学校先检查公区、学生宿舍的卫生，发现问题后立即整改，并提出解决方案；处理完卫生问题之后再吃早餐，有时候也会忘记吃

早餐；早餐后备课、上课、批改作业，准备各种检查资料或活动方案；晚自修时回教室处理学生问题，如果学生没有问题，我就主动找他们聊天以发现问题；自修后回家做工作室的事情。早上和晚上都是我处理班级问题的时间，这样看起来，我留给家庭的时间很少。刚开始的时候，我先生确实对我发过牢骚。现在，他只要看到我晚上在家里，就会惊讶地问：你不用去学校吗？看来，我晚上去学校工作已经成为常规，不去反而不正常了。

可能有人会问：你工作这么忙，还有时间陪伴孩子吗？确实，我陪伴在孩子身边的时间不多，但是我没有感到遗憾。为什么呢？有人说，陪伴是最好的教育，我不否认；但也有人说，身教重于言传。没有时间在孩子身边监督、辅导他做作业，我就培养他自主做事、独立思考的好习惯；上班太忙，我就把假期的大部分时间留给儿子，陪他在家里，我做我的工作，他做他的作业，或跟儿子去书店看书，或跟儿子一起去旅游。其实，陪伴不是时时刻刻都在孩子身边，而是在孩子需要的时候，培养孩子成长的能力，然后放手，这才是帮助孩子成长的长久之计。

好多老师努力工作，甚至不计回报，有些人认为我们亏了，为了别人的孩子不着家，不值得。我想告诉大家，这样做太值得啦！我也是有私心的，我想做一个优秀的老师，因为我想做一个发光体，以自己的能量影响和辐射身边的人，我希望自己的孩子也能遇到像我这样善良而伟大的好老师。我的孩子是幸运的，他遇到了！从小学到八年级，他遇到了五位班主任，每一位班主任都像我一样尽职尽责、爱生如子。所以，我才能如此放心地去做自己的工作。

二、工作室亮点，体验与走心——磨工作室之特色

作为省级名班主任工作室主持人，我非常爱护以自己的名字命名的工作室。我工作室里的人都是佼佼者，有两名市级工作室主持人和三名区级工作室主持人。我如果经营不好工作室，不仅会砸自己的招牌，更会辜负他们对我的信任，所以对于工作室的工作，我只有全力以赴。工作室的人员类别包括主持人、成员、学员和编外人员。工作室在磨班会课的过程中，沿着"以人为本，培育人才—大胆创新，模式成型—开发课程，成果落地—立足本校，辐射基层"的发展路径，扎实地开展学生发展指导

的课程研发工作。

为了进一步推广工作室班会课的育人模式，我主动向区教育局请缨，申请在区内的部分中小学进行主题班会优质课巡回展示。作为一个似乎有行政力量支持，但其实没有行政力量的组织，要做成这个巡展，我们工作室面临并克服了许多困难。2016年9—10月，经过一番准备，我们终于走进阳东二中、广雅小学、区实验学校、雅韶中学、雅韶中心小学、北惯中心小学等多所中小学进行展示交流。现在回想起这件事，我仍觉得我们工作室真是太棒了！主题班会巡展只是一项活动，但是后期的影响力非常大，有些学校还请工作室的老师到他们学校传经送宝，我们的活动甚至还带动并影响了当地教育部门，促使其做出一些新决策。

三、点亮你希望，尽责做我师——定学生成长之策

俗话说，铁打的军营流水的兵。班主任年年做，学生基本年年变。那么，对于流动的学生，我们能否采用不变的教育方法呢？答案显然是否定的。

2017年9月，我第一次担任高一艺术班的班主任。由于无知，所以无畏，我曾以为没有学生是我搞不定的。但是，我走马上任之后才发现，艺术班的孩子无论是思维方式、行为习惯还是做事方法都与普通班的学生不同，所以他们身上呈现出来的问题也是花样百出。在开学前两周，我仍然以普通、传统的教育方法管理学生，但是学生的问题层出不穷。从纪律上来说，很多学生在课堂上要么吵闹，要么睡觉，班级纪律非常差；从时间观念上来讲，学生要么迟到，要么早退，没有良好的时间观念；从人际关系上来说，学生要么满口粗话，要么互相大打出手，人际关系相当恶劣。我虽然是一个身经百战的老班主任，但是管理这个班级对我来说仍是一种挑战，相信教过艺术班的老师肯定会有同感。我该如何对待这些孩子呢？我处于一种纠结的状态中。我担心教不好他们，怕他们会成为我这个名班主任的败笔。也曾有老师劝我不要当这个班主任了，反正我是行政领导，以忙为由，学校完全可以理解我的行为。真的，我完全有理由这样做，但是我没有这样做。我要接受这个挑战，我想以自己的育人理念影响他们。我知道，改变学生的问题行为不是一朝一夕之事，教育是一个慢成功的过程，教育要走心并点燃孩子心中的希望。马卡连柯曾说："培养人

就是培养他对前途的希望。"艺术班的学生虽然有许多不好的习惯和不文明的行为，但是我细细研究后，发现他们身上有许多与普通孩子不一样的地方，例如，他们爱玩、好动、精明、动手、模仿、表演能力强，钟爱自己学的艺术。这就是他们的潜能。对于这些特别的孩子，我们如果只是一味地按照传统模式进行教育，那么他们一定会成为人人都讨厌的差生。如果我们顺势而为，开发这些孩子的潜能，那么教育完全可以是另外一个样子。

富兰克林曾说：告诉我，我会忘记；教给我，我会记住；让我参与，我才能学会。传统的教育是告知式、警告式的教育，而我对学生的教育更多的是参与性、体验式的教育。在活动体验教育中，学生通过思考，把我的教育理念和教育价值观转化为自己的观点。可能很多班主任认为发动学生参与活动会浪费学习时间，但我不这样认为，我引导学生做好每一个活动的实施方案，再大胆地开展活动。例如在我们学校的校园义卖活动中，我们班有八个小组踊跃报名参加，我就让每个小组做出一个义卖活动方案，方案中要写清楚人员、分工、所卖商品、促销做法、滞销品处理以及活动后的卫生清洁等。活动之后，我还让每一个学生写出活动感悟并进行深度分享。你看，学生就像企业老板一样，忙于做规划、进货、促销等，他们在活动中学会了规划，学会了沟通，学会了包容，学会了长大。再如，我校举行第四届班主任节，设计了一项"我当一天班主任"的体验活动。其实，很多时候，班主任为学生做了很多事情，但是有些学生就是不能理解老师的苦心。通过体验当班主任，学生好像一下子长大了，明白了老师的良苦用心。我虽然不确定我的学生将来能否成为尖端人才，但是我敢确定的是，他们一定能成为最好的自己。正如陆游在《冬夜读书示子聿》中所说，"纸上得来终觉浅，绝知此事要躬行"。躬行是为了更好地成长。

月考到了，学生的心非常平静，他们能安安静静地迎接考试。最好的教育是什么？最好的教育不就是老师教得开心、学生学得快乐吗？

四、栽下梧桐树，自有凤凰来——凝成果收获之喜

付出努力后收到回报，是最幸福和最幸运的事情。我也成了幸运儿，因为学生的成长对我来说就是最好的回报。

第六章　许给自己一个破茧成蝶的机会

春节前，我又接到已毕业学生小浩的妈妈的电话，她说，小浩在军营里不能随时打电话，但是他叮嘱妈妈一定要经常打电话问候我。我不记得这是第几次被感动了。我们所教的学生毕业之后基本就不再与老师联系了，像小浩这样在自己不方便的时候还不忘嘱咐妈妈打电话给老师的真是少之又少。我跟小浩之间是有故事的。小浩从高一到高三一直跟着我。他曾经在文理分科时选读理科，后来因为我教文科，又转来了我的班级。小浩第一次给我留下深刻印象是在分班两个月后。早操后，他说不上课，要约我谈话。纪律和成绩本来就不好的他，多次被我批评，现在还想不上课？我不找他，他竟然找上门来了。我正纳闷，不知他葫芦里卖的是什么药。只见他情绪低落，满脸不开心的样子。我想，他一定是有什么困难，需要我帮助，否则平时吊儿郎当的他怎会是这副模样。果然，我们坐下不久，他就一口气跟我说了他心中所有的秘密。他说，在初中时，他是学校里最调皮的学生，很多老师都害怕他。他还干过所有调皮生干过的坏事。我问他："为什么要跟老师讲这些？难道不怕老师为难你吗？"他说我不是那样的人，认为我把学生看得比什么都重要。他竟然看破了老师的心！我想，聪明的孩子遇到善良的老师，真是他的运气！接着，小浩竟然向我揭开了他不为人所知的伤疤，他对我除了信任还是信任。学生遭遇困难时，他们那倔强而高昂的头能够低下来，跟老师坦白一切，那么，我要做的就是无条件地接纳和帮助他们。都说陪伴是最好的教育，那我就试一试陪伴他，听他倾诉；都说转移目标是最有用的方法，那我就试一试帮助他订立学习目标；都说点燃希望是最好的计谋，那我就试一试让他做个发光体。就这样，一个无目标、无动力的学生走了，一个积极、健康的学生诞生了。小浩进入军营后，隔一段时间就给我发送他在军营的获奖信息。我感到庆幸和骄傲，一个就连他的父母都曾说要放弃的孩子，竟然被我培育好了！

"天道酬勤，地道酬善，人道酬诚"这幅字是我们学校的工会主席送给我的，我把它挂在我办公室的墙上。只问付出而不问收获时，收获悄然而至。2011年，我被推荐为第三批广东省中小学名班主任培养对象，接受了两年的专业培养，从而成为一个小有名气的专业化班主任；2015年，我被推荐为首批阳江市中小学名班主任工作室主持人；2016年，我被推荐为第三批广东省中小学名班主任工作室主持人。这些荣誉不是我成长的终点，而是我在班主任道路上的新起点。

我在追问：教育的真谛是什么

班主任工作虽然繁杂、琐碎，但是担任班主任更能证明老师的价值和教育存在的意义。有那么几年，我担任年级级长，没有做班主任，只是带领和辅导班主任开展工作，在德育工作中游走，班主任工作于我而言有一种熟悉而陌生的感觉。最难受的是，领导们在介绍我的时候都说我是班主任的带头人，为班主任工作做了多少贡献，我心中不由自主地产生了一种骗人的感觉。是的，班主任工作磨炼了我，班主任工作出色让我名声在外，班主任角色成就了我，但是因为学校的工作需要，我"功成身退"，成为幕后指挥者。这些不良的感觉多么折磨人，它们时刻在追问我：你是在做教育吗？你的教育观是什么？2017年8月，我终于扛不住内心的压力，鼓起勇气向学校申请直接担任班主任。在我的再三请求下，校长终于答应了这件事，让我担任高一一个班级的班主任。

重新担任班主任后，我不断地践行自己的教育理念，也不断地探索教育的真谛。对"教育的真谛是什么"这个问题，我终于有了比较明确的观点。

一、教育是一种情怀，释放情怀才能铸造匠人精神

毕竟已有三年的时间没有直接担任班主任了，如今再做班主任，我心里多少有点窃喜，也有点紧张，还有点担心。窃喜的是，我终于又有了自己的"试验田"和"嫡系弟子"，可以在自己的"试验田"里播撒种子、耕耘劳作和收获希望；紧张的是，作为省名班主任，我希望自己能比普通的班主任更快、更好、更有效地带领好一个比普通班复杂的艺术班；担心的是，由于工作量有点多，我怕因为时间分配不足而影响班级管理的效果，从而影响自己的名声。但是我还是毅然地带着窃喜、紧张和担心的情绪，又一次埋头走进了学生堆。

可能你会问：是什么吸引着我放不下班主任工作？是的，班主任工作在一般老师看来是一份吃力不讨好的工作。班主任陪伴了别人，却顾不得

第六章　许给自己一个破茧成蝶的机会

自家人；整天劳心劳力，却还会被学生说唠唠叨叨；努力为学生的未来负责，却还会被人说是误人子弟；付出了全部的精力，却只换回两袖清风和满头白发。的确，这些都不假。但是，我不是一般的老师，所以我看到了许多别人看不到的东西：班主任虽然花费了很多时间陪伴别人的孩子，但也让自己的孩子懂得了珍惜与责任；班主任的唠叨虽然会被学生误会，但是他哲理性的唠叨让学生懂得了人情与理性；班主任虽然采取了一些非一般的手段帮助非一般的学生并因此被误会，但是换来了学生长大后的后知后觉；班主任虽然只有两袖清风和满头白发，但是这更能证明自己的人生价值和理想信念。

对于教育情怀，俞敏洪曾说：面对教育，我们的态度是要把教育当作一种情怀来做。当初孔子在曲阜筑杏坛，其教化影响力远远大于现在的许多教育家；朱熹等智者在岳麓书院传道，其对中国文化的贡献也远胜今日的许多文化名人。我虽不是大家，但是作为老师，我希望自己和心无旁骛的匠人一样，专注于自己钟爱的事物，做到热情不减、坚持不懈，像他们那样有信念、有态度、有情怀，保持淡泊名利的心态。

同样的事情可以有不一样的解读，我想，这就是教书匠的精神，也是我的教育情怀。

二、教育是一种理念，树立理念才能明确方向

2017年，我第一次担任高一艺术班的班主任。我走马上任后才发现，艺术班的孩子无论是思维方式、行为习惯还是做事方法都与普通班的学生不同，所以他们身上呈现出来的问题也是花样百出。在开学前两周，我仍然以普通、传统的教育方法管理学生，但是学生的问题层出不穷。从整体纪律上来说，学生在课堂上要么吵闹，要么睡觉，班级纪律非常差；从时间观念上来讲，学生要么迟到，要么早退，要么随便进出教室，没有良好的时间观念；从人际关系上来说，学生要么满嘴粗话，要么互相大打出手，男女之间也势如水火，人际关系相当恶劣。我已经是身经百战的老班主任了，但是我也是第一次接触这样的班级，所以这对我来说是一种挑战。正犯难时，我想到了陶行知先生的话："你的教鞭下有瓦特，你的冷眼里有牛顿，你的讥笑中有爱迪生。你别忙着把他们赶跑。你可不要等到坐火轮、点电灯、学微积分，才认识他们是你当年的小学生。"是的，作为教育者，我们不能在学生遭遇困难时落井下石，而更应该做那个雪中送

炭的人。

虽然我还没有确定有效的教育方法,但是从开学前两周的管理效果来看,前面所采取的教育方法是行不通的。既然一般的教育方法行不通,我就另觅方法并改变自己的管理理念。

从以往的经验来看,对于问题特别多的班级,教育只能从长计议,不可一蹴而就,所以我决定"放长线钓大鱼"。我重新详细地调查并分析了学生的学习情况、纪律情况、兴趣爱好、特长优势、家庭情况以及他们的求学目标等,由学生表现出来的问题分析学生存在的实质问题。我认为学生存在的问题包括:①学习、时间、行为等方面的习惯养成不好;②遵纪守法的观念不强;③学习目标不明确,缺乏学习动力;④责任意识、担当精神不足;⑤对班级的常规管理熟视无睹。

结合从调查中掌握的信息,我制定了班级发展的三年规划。规划如下:

高一:教育重点是"规则教育、团队建设";班级发展主题为"守规、守时、修身,是我的责任";口号为"让规则在我心中,让优秀成为习惯"。

高二:教育重点是"理想教育、感恩教育";班级发展主题为"感恩、齐家、孝悌,是我的责任";口号为"人有我有(纪律好),人优我追(成绩上),人无我有(艺术特长优)"。

高三:教育重点是"励志教育、抗压教育";班级发展主题为"担当、治国、平天下,是我的责任";口号为"做一个有担当、有情怀的人"。

这是一种"放长线钓大鱼"式教育,我希望在整体规划下,学生能有更加明确的发展方向,将来能更好地发展和成长。

三、教育是一种希望,点燃希望才能看到未来

马卡连柯曾说:"培养人就是培养他对前途的希望。"教育是一种情怀,是一种理念,更是一种希望。老师和父母都希望孩子有一个更好的未来,但是孩子在遭遇困难和挫折时,会看不到希望和未来。为了更好地帮助学生战胜困难,让他们在前进的道路上得到更多的指引,我在班上开设了德育课程化教育,希望通过德育课程化教育,为孩子点亮一盏明灯,给孩子带来希望,让孩子勇敢地战胜每个阶段的困难。

针对学生不同的发展困惑，我每个月都制定不同的教育主题（在实施过程中还会做出调整）。

高一：9月的主题为"行为习惯养成教育"；10月的主题为"学习方法、规则"；11月的主题为"文明礼仪教育"；12月的主题为"敬畏自然法则"；1月的主题为"诚信守约"。

高二：9月的主题为"理想是力量的源泉"；10月的主题为"放飞梦想，规划人生"；11月的主题为"实现理想的阶梯"；12月的主题为"为自己而奋斗"；1月的主题为"态度决定高度"。

高三：9月的主题为"迈好高三第一步"；10月的主题为"细节决定成败——细节教育"；11月的主题为"坚定信念——不忘初心，走好高考路"；12月的主题为"青苹果，我不摘——高三远离早恋"；1月的主题为"我的每一分每一秒——寒假前的叮嘱"。

陶行知说得对，"先生不应该专教书，他的责任是教人做人；学生不应该专读书，他的责任是学习人生之道"。作为教育者，我们不仅是传授学生知识的老师，更应该成为他们成长的人生导师、黑暗中的指路明灯、彷徨时的心理疏导者；作为教育者，我们不仅要引导学生纠正不良的行为习惯，更应该引导学生看到前途、未来和希望。教育不是朝夕能够见到效果的事，教育是一种情怀、一种理念、一种希望，带上这些，与学生同行，与教育同行。这就是我所解读到的教育真谛。

我的幸福我做主

几年前,我第一次在全国著名教育家李镇西的著作《做最好的班主任》中得知:做班主任可以获得幸福感。当时,我已经做了八年的班主任,但我还是只有一种感慨:不可思议!后来,我有机会拜读了朱永新教授的《享受教育》,它使我对教育有了更深的认识与新的追求。现在,《享受教育》仍鞭策着我前进。"有人面带微笑,拥抱每一轮新的太阳;有人心怀烦恼,拒绝每一个新的希望。拒绝会换得拒绝,拥抱会赢来拥抱。你的一切实际上都是自己创造。有一种态度叫享受,有一种感觉叫幸福。学会面带微笑,才能享受生活;懂得播种快乐,才能收获幸福……享受教育,你就多了一些生活的诗意;你会从平凡中品味出伟大,从失败中咀嚼出成就;你能读懂每一个孩子的脸庞,走进每一个孩子的心灵;你会惊奇地发现:幸福从此熙熙攘攘。"字里行间都透露出快乐、满足、幸福,看着这些诗句,一股股暖流涌上我心头。我决定:消除自己的教育疲惫感,用一种积极的态度对待教育。

一、带着苦累的班主任经验埋头扎进书海,在充电中享受着幸福

全国著名教育家李镇西曾提出这样的观点:幸福是一种美好的感受,是一种积极的心态,是一种快乐的习惯,是一种价值追求。幸福感是一个人在物质、精神和生理、心理上的需求得到满足时或逐步实现既定目标过程中内心积极而快乐的情感体验和自我超越的使命感。班主任的幸福感是指班主任在管理班级的过程中获得的专业满足感、成就感、快乐感和使命感。

从大学毕业到三年前,我做了八年的高中班主任,每一天都早出晚归,每一年都只有苦和累的感觉,从来不知道当班主任有什么幸福可言,也不知道从教育中获得的幸福感为何物。2006年的那个暑假,在送走了一届毕业生之后,我决定利用假期总结自己的教育经验,找一找自己厌烦教育的原因,挽救已经疲惫的、年轻的教育之心。《礼记·学记》云:

"是故学然后知不足,教然后知困。知不足,然后能自反也;知困,然后能自强也。"在之后的一个多月里,我一边总结,一边跑书店。"贪得无厌"的我把全国著名教育家魏书生、李镇西的教育著作以及朱永新教授的教育名篇等都收为己用。学,然后知不足,学会"取人之长,补己之短"。经过充电,我发现班主任的幸福感原来那么容易获得。

二、胸怀一颗慈母般的爱生之心,在爱的教育中享受着幸福

有人说,爱是一盏灯,在黑暗中照亮你前行的路;爱是一首诗,在冰冷中温暖渴求的心房;爱是夏日的风、冬日的阳、春日的雨、秋日的果,收获的是幸福。苏联著名教育家马卡连柯曾说过:"没有爱,便没有教育。"李镇西《做最好的老师》中的第一章"爱是永恒的教育理念"也证明了这一点,他把自己所有的爱都倾注给了他所热爱的教育事业,二十多年如一日,爱生如子,在他那激情燃烧的岁月里,谱写了一页页爱的篇章。我不再犹豫,开始在爱的教育中设计幸福的蓝图并在实践中享受幸福。

(一) 适时进行感恩教育,在互动中感受爱和幸福

高一时,我班上有一名双差生,他叫陈海升。在家里,他是一个不懂得尊重父母的小霸王;在学校,他是一个令所有科任老师头疼的捣蛋鬼。李镇西曾说:"不要把后进生当成头痛的问题,而要把他们当研究的课题。"由于没有更好的解决办法,我只好尝试把他当作一个课题来研究。为此,我做了一个周详的课题研究计划:首先,确定课题题目为"我的父母谁来爱";其次,拟定课题活动的时间(一个学期)和内容;再次,拟定内容的实践步骤;最后,进行结题。本课题最重要的是第三个环节,我把它分为四个步骤并拟订主题:第一个月是"我的父母是怎样赚钱的",第二个月是"我对父母知多少",第三个月是"父母最让我感动的是什么",第四个月是"我该为父母做些什么"。在第一个月的活动中,班上大部分学生都说自己的父母是如何辛苦赚钱的,说到感动之处泪眼汪汪。但是无论别人怎样感动,陈海升都一言不发,而且他不屑一顾的表情一直挂在脸上。我看在眼里,急在心里。我知道以自我为中心的他不会主

动谈及自己的父母,于是我很煽情地请他谈谈自己的父母。没想到,他屁股动都不动一下就响亮地脱口而出三个字:"不知道。"我虽然对他的回答有准备,但还是被气得想给他一座"五指山"。不过数秒钟后,我调节好自己的心态,轻松地说:"差不多下课了,没有发言的同学就用书面的形式写给老师。"我的冷处理换来了他一个温和的眼神,这个温和的眼神足以让我感到幸福。为避免再次出现如此尴尬的场面,在后来的三个环节中,我都是在召开主题班会后让学生用书面的形式写出来的。慢慢地,我惊喜地发现,陈海升所写的东西从最初的一两行到几段,再到成文,从干巴巴的文字到感慨万千,再到忏悔流泪,最后他在总结中居然还写道:"老师,谢谢您!若不是您,我还真的以为父母养儿天经地义,我从来不知道他们做生意那么辛苦,只知道伸手向他们要钱,更没有想过回报他们。爸妈为我付出了这么多,我真的错了。老师,请您放心,我会为他们做些什么的!"真想不到,一些鼓励的话、几个肯定的眼神居然能让一个"顽童"开窍!他真的变了,变得懂得感恩了:回到家会主动与父母打招呼;在母亲节那天,他亲手做了一张贺卡并写了一封感恩信给妈妈,同时买了一支康乃馨送给我。后来,他的妈妈给我发了一条表示感谢的信息……原来班主任的幸福感真的很美!

(二) 营造融洽的班级氛围,在感动中产生爱和幸福

著名的教育改革家魏书生曾这样说过:"班级就像一个大家庭,同学们如兄弟姐妹般互相关心着、帮助着,互相鼓舞着、照顾着,一起长大了、成熟了,便离开这个家庭,走向了社会。"的确,班集体就像一个大家庭,它对每一个成员的成长都有着至关重要的影响。一个班集体要健康良好地运作,融洽的班级氛围是关键。在管理班级时,我始终引导学生把集体当作一个大家庭,注重培养学生"一荣俱荣,一损俱损"的集体意识。在这个家庭中,我成了缓解痛苦的良药和分享快乐的朋友,成了他们无话不谈的好爱姐。一直以来,我对自己所营造的这个集体氛围都很满意。但是在一次高考前一个星期,我差点遭遇"滑铁卢"。事情是这样的:为了缓和高考前的紧张气氛,我班决定与高三(6)班进行50米男女混合接力赛。赛前,我班就有男生在班上叫嚷:"高三(6)班的男生比我们班多,我们一定输惨了。"经男生如此一说,班上的个别女生也有一点动摇,他们要求我改赛。我心里很矛盾,想不到学生把友谊赛的结果

看得如此重要，更害怕输了比赛可能会对高考造成影响。最后我还是没有改赛，只是暗地里与体育委员布置好作战计划，然后自信地对他们说："成功在等着你们，去吧！"结果，我们班以 3∶2 的成绩赢了高三（6）班。我立即抓住机会说教一番："我们为什么能在实力不占优势的情况下赢对方？"他们异口同声地说："团结是胜利的保障，讲究战略是胜利的智慧。""什么战略？""田忌赛马！"还有什么比这更令人感动、幸福的呢？

（三）付出亲人般的感情，以爱心换真心

现在，我的学生都不叫我老师，而叫我"爱姐"，我很享受这样的称呼。有的老师说：这样的学生没大没小，不尊重老师。我不这样认为，反而觉得那是学生对我如亲人般的信任和胜似亲人的尊重。我能获得这样的信任与尊重，是因为我一直以"把学生当作自己的亲人一样来教育和爱护"作为教育的座右铭，也一直是这样做的。捷克教育家夸美纽斯曾说过："孩子们求知的欲望是由教师激发出来的。假如他们是温和的，是循循善诱的，不用粗鲁的办法使学生疏远他们，而用仁慈的情感与言语去吸引他们，假如他们和善地对待他们的学生，他们就容易得到学生的好感，学生就宁愿进学校而不愿停留在家里了。"我想，这就是"亲其师，信其道"的体现。

中国特级教师毛荣富曾说过："做一个老师，如果你热爱你的事业的话，那么吃苦也是享受。"是的，学会享受这种付出之后的幸福，我们就会对自己的工作充满热情和激情。

三、高考前引导学生做想象练习，在指挥作战中享受与学生共患难的幸福

三年磨一剑，今朝试锋芒。高考不仅考学生文化课的实力，还考他们的心理素质。如果高考时输在文化课的实力上，那我们无话可说；但如果因为过于紧张、心理素质不过关而输掉高考，那是不可原谅的。作为高三班主任，我就连学生进考场的前一刻都没有忘记对他们进行放松辅导。高考成绩出来后，当知道我班有 1 人考上重点线，有 15 人考上本科，超额完成学校下达的本科任务时（高考前的多次模拟考试都没有考出这样的

好成绩），我就更加肯定这个成绩除了受学生的实力影响，还与考前的放松辅导以及想象练习密不可分。高考那三天，为了缓解学生的紧张情绪，我把学生集中起来给他们做考前辅导：第一天早上，我先让学生闭上眼睛做几个深呼吸，之后引导他们进行放松的想象练习。最后，学生谈笑风生地走进考场。第二天早上，学生闭上眼睛做了几个深呼吸之后，我引导他们做努力拼搏的想象练习："某一天，烈日当空，我们汗流浃背地在地里锄地、种果树。后来，我们不断地给果树施肥、浇水……果树一天天地长大。终于，果树结出了红彤彤的硕果。现在果子就挂在我们头上，大家伸手去摘吧……"最后，学生手拉着手自信地走进考场。第三天早上，有的学生前一天晚上就已经开始想今晚的集会怎么搞，难免有点放松，因此，我得让他们紧张一下。在学生闭上眼睛做了几个深呼吸之后，我引导他们做想象练习。最后，学生很平静、很淡然地走进考场。看到学生紧皱的眉头逐渐舒展开来，甚至开怀大笑，我心里甜滋滋的，那种幸福不是常人所能感受到的。

参考文献

[1] 韩东才，李季. 德育新思维［M］. 广州：广东高等教育出版社，2010.

[2] 李季，贾高见. 中学德育问题与对策［M］. 北京：中国轻工业出版社，2014.

[3] 魏书生. 班主任工作漫谈［M］. 桂林：漓江出版社，2008.

[4] 朱永新. 享受教育［M］. 成都：四川教育出版社，2003.

[5] 李镇西. 做最好的班主任［M］. 桂林：漓江出版社，2008.

[6] 王玲. 高中生常见心理问题及疏导［M］. 广州：暨南大学出版社，2006.

[7] 王晓春. 今天怎样做教师：点评100个教育案例（中学）［M］. 上海：华东师范大学出版社，2005.

[8] 李中莹. 简快身心积极疗法：上册［M］. 北京：北京联合出版公司，2011.

[9] 唐全腾. 教师不可不知的心理学［M］. 上海：华东师范大学出版社，2008.

[10] 胡虹霞. 高校德育应补上感恩教育这一课［J］. 北京教育（高教版），2005（5）：12－14.

后记　你努力的样子真可爱

这是本人的第一部作品,虽然整理成书的时间不长,但是它浓缩了我26年教育生涯的精华,是我长期积累的结果。其实,我很早就有出书的想法,但是一直不敢随意下笔,"心想之,倾慕之",却没有勇气去做。还记得工作不久后撰写的一篇德育论文获得了区论文评比三等奖,我高兴了很长时间,那是我第一次获奖。这个不起眼的奖励给了我很大的鼓励,于是乎,我喜欢上了写作。我就像蚂蚁搬家一样,每年积攒一些,或是教育随笔、教育故事、教育案例,或是班会课例、管理总结,或是个案反思、讲座文稿等。在不知不觉中,我已经积累了几十万字的文稿。

整理文稿时,我思绪万千、思如泉涌,一刹那精彩的瞬间、一个个特别的故事、一幅幅美丽的画卷、一次次默契的互动、一批批既熟悉又陌生的学生,全都跳跃在我眼前。我常常想,老师在学生的成长过程中应该扮演什么样的角色。是警察吗?不对,师生之间不应该是抓与躲的关系,最好的教育应该是师生之间、生生之间的和谐共处。是管理者吗?也不恰当,学生不应该只是被管理的对象,最好的教育应该让学生学会自我管理,成为更好的自己。是亲人吗?也不合适,如果真把学生当作亲人,那么教育就会缺乏理性。那么,老师扮演什么角色最为合适呢?我认为,老师应该是一个引领者、人生导师,让学生在迷茫中感受到温暖和爱;可以做一束光,让学生在黑暗中看到光明。我想,没有学生的成长,就没有老师的成就;没有老师的执着教导,也就没有学生的顺利成长。所以,师生之间应该是相辅相成、互相成就的。

老师与学生萍水相逢,注定会成为彼此人生中的匆匆过客。但是,我们也是彼此特殊的存在,因为在相遇之时,我们情感交错、故事相融、心意相通。这就是我们,我们是我们,我们却又不是我们。

在整理书稿的过程中,我再次打开所有的回忆,翻看所有的故事。看着我们的故事,想着我们的相处,忆着我们的过去,我被自己在教育上的执着深深地牵动,被自己的教育情怀深深地打动,被学生的感恩留言深深地感动。原来我们不只是彼此人生中的匆匆过客,我们实实在在地存在于彼此的生命中。我们有时会伤害对方,令对方焦虑;有时也会温暖对方,

后记　你努力的样子真可爱

彼此润泽。

曾经有过那么一次机会，我可以离开教育一线，坐在办公室里过上朝九晚五的生活。为了检验自己不是一时冲动而做出的决定，我曾无数次地问自己：这是我内心最真实的想法吗？刚开始的答案是肯定的，但是，我很快就否定了自己的想法。在即将走马上任时，我退缩了，我选择遵从自己内心最真实的想法。因为对教育情有独钟，我不想离开教育一线！因为喜欢跟孩子们在一起的感觉，我选择留下来！

回顾20多年的教育生涯，我从一个菜鸟教师成长为收获颇丰的教育者。我很感激那个无论身处顺境还是逆境都很努力的自己，她那倔强的样子真的很可爱！我更感谢在逆境中帮助我渡过难关或者给予我机会的贵人，他们是我专业成长的导师韩东才教授、李季教授、殷丽萍教授、王小棉教授等，以及我的领导、同事谭家秋局长、吴国良校长、周雪燕……还要感谢我亲爱的先生及亲人们。在此，我要特别感谢广东第二师范学院政法系主任、广东省中小学德育研究与指导中心原主任、广东省中小学德育研究会副会长高家方教授为本书作序。我把这些记录下来，目的在于提醒自己，一定要像他们包容和帮助我那样去包容和帮助别人。

李芬爱
2021 年 5 月 23 日于阳江